이야기로 풀어가는

로마서

이야기로 풀어가는

로마서

초판 1쇄 2016년 6월 30일

지은이 가풍현
발행인 김재홍
디자인 박상아, 이슬기
마케팅 이연실

발행처 도서출판 지식공감
등록번호 제396-2012-000018호
주소 경기도 고양시 일산동구 견달산로225번길 112
전화 02-3141-2700
팩스 02-322-3089
홈페이지 www.bookdaum.com

가격 6,000원
ISBN 979-11-5622-192-0 03230

CIP제어번호 CIP2016014969
이 도서의 국립중앙도서관 출판예정도서목록(CIP)은 서지정보유통지원시스템 홈페이지(http://seoji.nl.go.kr)와 국가자료공동목록시스템(http://www.nl.go.kr/kolisnet)에서 이용하실 수 있습니다.

평 신 도 를 위 한 성 경 공 부 교 재

이야기로 풀어가는

로마서

가풍현 지음

도서출판 지식공감

책머리에

이방인의 사도였던 바울은 시리아의 안디옥을 거점으로 로마제국의 속령이었던 갈라디아, 아시아, 마케도니아, 아가야 등 에게해 연안의 이방지역 선교에 전력을 기울였고, 로마와 땅 끝 스페인(서바나)까지 복음을 전하고자 하는 선교 비전을 가지고 있었습니다. 그가 로마에 가기 전에 미리 고린도 지방에서 로마교회에 보낸 편지가 로마서입니다.

당시 로마 교회에는 조상 때부터 오랜 세월 동안 율법의 전통을 따라 살아왔던 '유대인 그리스도인들'과, 율법으로부터 자유로웠던 '이방인 그리스도인들' 사이에 갈등이 존재할 수밖에 없었습니다. 이와 같은 갈등의 소식을 전해들은 바울은 땅 끝까지 복음 전파의 비전을 실현하려면 두 그룹 사이의 문제를 해결하고, 로마 교회와 예루살렘 교회의 지지와 후원이 필요했습니다. 그래서 '복음은 유대인이나 이방인이나 구별하지 않으며, 율법이 아닌 믿음으로 말미암아 구원받는다'는 복음의 본질을 일깨워 주고, 믿음이 강한 자가 약한 자를 품어주고 하나를 이루어야 한다고 권고하였습니다.

이처럼 사도바울이 로마서를 쓴 목적은 신학논문이나 교리집의 집필이 아니었습니다. 그럼에도 불구하고 로마서에서 교리적인 이미지를 강하게 느끼는 것은 후대의 학자인 루터나 칼빈의 영향이 크다고 할 수 있겠습니다. 로마교회의 기원과 배경, 로마서의 내러티브(narrative, 실제적

이야기)의 흐름과 구조, 로마교회 구성원들의 상황을 분석해 보면, 사도 바울이 교리를 쓴 것이 아니라, 로마교회의 갈등과 문제를 해결하고, 로마 교회의 도움을 받아 땅 끝 서바나(스페인)까지 복음을 전파하고자 하는 목회적 관점을 가지고 썼다는 것을 파악할 수 있습니다.

이 책에서는 바울이 지칭하는 사람들의 인칭을 구분하여 각 장별로 성령이 사도바울을 통하여 말씀하시고자 했던 본래 의도가 무엇이었는지 본문을 통하여 함께 살펴볼 것입니다. 아울러 로마서가 복잡하고 어려운 교리 책이라는 생각을 넘어 복음의 본질과 참된 예배의 삶이 무엇인지, 오늘날 우리에게 깨우치는 바는 무엇인지 발견하게 될 것입니다.

그리고 이 책은 성경을 어려워하는 평신도들이 성경을 이야기 식으로 쉽게 접근 할 수 있도록 하였습니다. 성경구절 몇 개 뽑아서 공부하던 시대는 지났습니다. 성경을 통으로 보는 훈련이 필요합니다. 이 책은 로마서를 통으로 이해할 수 있도록 하였습니다. 말씀이 메말라서 이단이 판치는 시대에 평신도들이 스스로 성경을 읽고 공부하여 말씀으로 무장하는데 조금이나마 보탬이 되기를 소망합니다.

졸작임에도 기꺼이 추천의 글을 써 주신 서용원교수님과 이근배목사님, 전상후박사님, 이윤기박사님, 이인호박사님, 바쁜 중에도 교정에 도움을 준 윤영진간사님께 감사드립니다.

2016년 6월

로고스센터 연구실에서

가풍현목사(Th.D)

추천사

사도바울이 선포한 예수 그리스도의 복음, 로마서 연구의 길잡이(또는 가이드북)

가풍현 박사님은 박사원에서 「로마서」를 연구하여 신학박사 학위를 취득한 성실한 성경학자이시며, 다음 세대들에게 그리스도 예수의 복음과 올바른 신앙의 정체성을 세우기 위해 성령에 사로잡힌 자의 사명과 열정으로 선한 목자로서의 섬김과 나눔 사역에 진력하는 이 시대의 전위파 기수이며 선한 목자 리더이시다. 그는 현재 과천소망교회의 목사로, 교회의 로고스센터에서 리더십 아카데미를 운영하며, 다음 세대 신앙공동체 교육과 훈련을 감당하는 실무 책임자이다.

「이야기로 풀어가는 로마서」는 〈신약성경 중의 성경〉이라고 할 수 있는 「로마서」를 중, 고등학생으로부터 대학, 청년, 초신자, 평신도, 직분자 임원에 이르기까지 누구나 쉽게, 흥미롭게, 진지하게 읽고 공부할 수 있도록 간결하고 산뜻하게 그 구조와 내용을 설정하였다. 저자는 16장으로 구성된 로마서를 서론에서 로마서 배경 설명과 함께 로마서를 쓴 바울의 의도와 복음의 진수(Essence)가 무엇인지 기술하고 2장부터 16장까지 크게 세 등분하여 유대인 그리스도인들(2장–8장), 이방인 그리스도인들(9장–11장), 그리고 교회 공동체를 향한 바울의 토라(가르침, 권고, 12–16장)로 분류하여 구성하였다. 독자들의 편의를 위해 매 장마다 「본문 읽기」와 「내용요약」, 「관찰하기」, 「적용하기」 등으로 나눠 본문의 내용과 메시지를 찾게 하고 그것을 삶으로 실행하도록 연결하여 매우 실제적이며 신심에 불을 지피게 한다.

로마서는 교회가 생동감을 잃고 무기력해지고 빛을 잃어가는 시대에 종교개혁자 루터, 웨슬리, 칼빈에게 새 활력의 동기를 제공하였고 초기 대학자 어거스틴이 회심하고 그리스도인으로 바로 서게 하는데 기여한 복음 중의 복음, 다이너마이트보다 더 큰 위력을 지닌 성경책 중의 성경이다. 사도행전의 끝(28장)은 바울이 로마에서 찾아오는 사람들에게 하나님 나라 복음을 담대히 선포하였다고 전하는데, 그 로마에서 선포한 내용이 바울의 하나님 나라 복음의 내용이 로마서에 나타나 있다.

하나님께서는 박해자 바울을 복음지기로 부르셨다. 세계를 향해 바울은 "이 복음은 모든 믿는 자(첫째는 유대인 그리고 헬라인(그 속에 로마인, 모든 인류가 포함된))에게 구원을 주시는 하나님의 능력이 됨이라"고 외쳤다.

이 책을 읽는 모든 이들이 바울이 선포한 복음을 통해 구원의 기쁨과 함께 큰 은혜와 사랑의 실천자가 되기를 기도하며 추천하는 바이다.

서용원 박사(호서대 대학원 | 연합신학전문대학원 원장 | 부총장 역임 | 성서와교회연구원 원장(現) | 학교법인 호서학원 이사 | 명예교수)

**

로마서, 지금까지 쏟아져 나온 책만 해도 헤아릴 수 없을 정도입니다. 그만큼 로마서는 무엇으로도 다 담아낼 수 없는 심연의 세계입니다. 이번에 출간된 가풍현 목사님의 「이야기로 풀어가는 로마서」는 그동안 다른 책들에서 담아내지 않았던 목회현장에서 바라보는 스토리 중심의 탁월한 안목이 담겨져 있습니다. 그래서 쉽고, 그래서 평신도들이 열광합니다. 목회현장에서 평신도들과 씨름하면서 삶의 이야기로 풀어가는 본서는 사실 로마서 공부에 참여한 성도들의 극찬과 간곡한 요청으로 출간되었습니다. 본서는 로마서가 교리 이해 차원을 넘어 삶의 이야기로서의 우리의 가슴을 뜨겁게 타오르게 할 수 있는지를 확인하시게 될 것입니다. 특히 소그룹에서 함께 읽고 토론한다면 성도들의 열정적 영성(질적 특성)이 한 차원 성장하게 될 것을 확신합니다. 본서를 아주 기쁜 마음으로 추천합니다.

이근배 목사(한국NCD 본부장)

* *

가풍현 박사님은 청년들을 사랑하고 그들이 이 땅에서 하나님의 말씀으로 살아가길 진심으로 바라고 원하는 이 시대가 필요로 하는 신학자시며 목사님이십니다. 그래서 이번에 깊은 연구 끝에 쉽게 「이야기로 풀어가는 로마서」를 완성하였습니다. 이글은 성경을 어려워하는 대상들에게 샘 같은 존재가 될 것임이 분명합니다. 신학을 전공하는 학생들과 성경공부를 쉽게 접근하고 싶어 하는 모든 성도들에게 필독서로 강력하게 추천합니다.

이윤기 목사 (상담심리학박사 | 한국성서대상담학 외래교수 | 한국NCD코치)

* *

학문의 동지이자 오랜 세월 한 교회에서 함께 사역했던 가풍현 목사님과 대화를 하면서 오늘날 많은 그리스도인들이 성경에 대한 바른 이해와 깊이가 부족해서 걱정이라고 고민을 나누었었는데, 이번에 평신도들이 성경을 쉽고 바르게 이해할 수 있도록 가풍현 목사님께서 「이야기로 풀어가는 로마서」라는 귀한 안내서를 출판하였습니다. 이 책은 성서신학박사이신 가풍현 목사님이 오랜 세월 목회현장에서 평신도와 목회자에게 성경을 가르치면서 터득한 노하우를 바탕으로 평신도의 눈높이에 맞춰 저술된 책이라서 더욱 의미가 큰 것 같습니다. 아무쪼록 귀한 저서를 통해서 많은 평신도들이 로마서에 대한 바른 이해를 가질 수 있기를 바랍니다.

전상후 목사(하늘빛교회 담임목사 | 구약학박사)

**

주제별 성경공부, 양육훈련, 제자훈련 등 많은 성경공부가 성도들의 영적 성장을 가져왔습니다. 반면에 성경은 교회에서 배우는 것이라는 인식이 생기면서 스스로 성경을 읽으며 묵상하고 연구하는 성도의 삶은 특정한 사람들이 하는 것으로 여겨지기도 합니다. 하지만 성경은 교회에서의 배움과 함께 스스로의 통독, 묵상, 연구를 통하여 더 깊은 은혜를 경험하게 됩니다. 「이야기로 풀어가는 로마서」는 이러한 기대를 충족시켜주는 책입니다. 복음의 진수를 담고 있지만 어렵다고 여겨지는 로마서를 이야기체로 풀어감으로써 본문을 어렵지 않게 대할 수 있게 해줍니다. 또한 읽어가면서 로마서가 담고 있는 진리의 깨달음과 은혜를 경험하게 됩니다. 이 책을 읽는 모든 이들에게도 복음과 하나님의 은혜로 채워지는 시간이 되기를 기도합니다.

이인호 목사 (신약학박사 | 한국NCD수석코치 | 다음세대사역원 대표)

차례

[일러두기]

◆ 부연 설명이 필요한 낱말과 용어는본문 중에 작은 글씨로 표시하였습니다.

◆ 로마서 본문은 우리말성경(두란노서원) 역본을 사용하였으며, 부연한 인칭대명사는 개역개정성경의 표기입니다.

◆ 한글맞춤법과 어문규정을 지키되, 개역성경의 지명과 문단의 구성은 저자의 의도를 고려하여 편집하였습니다.

1

로마서의 배경 이해

◆ 유대인 그리스도인 중심의 로마교회

사도바울이 회심 후에 안디옥교회에서 이방세계의 선교사로 파송 받아 밤빌리아 비시디아 갈라디아 브루기아 아시아 등 소아시아(아나톨리아 - 터키)와 그리스 지역에서 교회를 세우며 1차, 2차, 3차에 걸쳐 활발하게 선교활동을 했지만, 아직 로마까지는 가지 못했습니다. 로마교회는 바울에 의해 세워진 교회가 아닙니다. 로마서는 사도바울이 로마에 가기 전에 미리 보낸 서신입니다. 로마서를 바르게 이해하려면 로마교회가 언제, 어떻게 세워졌고, 어떤 교회인지, 어떤 문제가 있었는지, 왜 바울은 로마교회에 가기 전에 로마서를 먼저 보내야만 했는지를 알아야 합니다.

예수께서 부활 승천 하신 후, 예수님이 약속하신 대로 오순절에 성령이 임하였습니다.행2, AD 30년 경 이 날은 하나님께서 땅 끝가지 복음을 전하기 위하여 예비하신 날이었습니다.

유대인들은 출애굽 이후 말씀의 명령을 따라 율법의 전통과 절기를 소중하게 여기며 살아왔기 때문에 유대인이라면 누구나 3대 절기 유월절, 오순절, 초막절: 출23, 레23, 민28-29, 신16에는 예루살렘 성전을 찾았습니다. 유대지역이나 가까운 지역 사람들은 세 번의 절기를 모두 지켰지만, 이방 땅 먼 곳에 흩어져 살던 유대인들(디아스포라 유대인)은 단 한 번의 절기라도 지켜야 했는데, 유월절이나 초막절보다 오순절이 원거리에서 여행하기에 유리한 계절이었습니다. 겨울철에 여행해야 하는 유월절 기간에는 풍랑 때문에 배가 뜨지 않을 뿐 아니라, 추위가 부담으로 작용했고, 초막절 기간에는 여름에 여행을 해야 했기 때문에 더위가 부담이 되었습니다.

먼 곳에서 절기를 지키기 위해 수개월의 시간과 엄청난 비용을 들여서 예루살렘에 모여든 이민세대 유대인들은 신앙의 열정이 대단한 사람들이었습니다. 하나님께서 예수님이 부활 승천하신 후, 많은 사람들이 여행하기에 유리한 오순절에 약속하신 성령을 보내신 것은 온 세계에서 신앙의 열정을 가지고 모여든 유대인들을 통하여 온 세계에 복음을 전하고자 하는 하나님의 계획이었습니다.

로마에서도 오순절을 지키기 위해 많은 유대인들이 예루살렘을 방문하였습니다. 그때에 그들이 사도들로부터 복음을 듣게 되었고, 그들이 로마로 돌아가서 자연스럽게 가정을 중심으로 세운 복음 공동체가 로마교회입니다. 그래서 로마교회 초기는 유대인 그리스도인 중심의 가정교회였습니다. 사도들이 처음 복음을 전할 때에는 모두 유대인들에게만 복음을 전했기 때문입니다.

◆ 이방인 그리스도인이 주류가 되다

사도행전에 나타난 것처럼 공식적인 이방인 선교는 이방인 백부장 고넬료의 회심 사건이[행10, AD 40년 경] 계기가 되었습니다.[행11:18] 오순절 성령 강림 후 고넬료 회심 사건이 등장하기 까지 10여년이 지나는 동안 사도들은 예루살렘과 유대와 사마리아 지방에 복음을 전하면서 이방인들에게는 복음을 전하지 못하고 있었습니다. 제자들도 유대인이었기 때문에 조상대대로 하나님은 유대인의 하나님으로만 인식하고 있었기 때문입니다. 그만큼 성령에 의한 이방인 고넬료 회심 사건은 매우 중요한 사건으로 이방선교의 공식적인 시발점이 되었습니다.

그래서 로마교회 형성초기에는 유대인 중심의 교회였고, 이방인에게 선교가 허용 된 후에 로마에도 이방인 그리스도인들이 등장하지만, 초기에는 그 수가 많지 않았습니다.

로마교회 초기 구성원이었던 유대인 그리스도인들은 조상 대대로 율법적 성결의 삶을 고집하며 살아왔기 때문에, 그리스도인이 된 후에도 율법적 사고를 버리지 못했고, 이방인 그리스도인들의 부정한 음식문화를 거부하고, 비난할 수밖에 없습니다. 그래서 로마교회 초기에는 이방인 그리스도인들은 유대인 그리스도인들의 눈치를 보는 약자의 위치에 있었습니다.

그런데 이방 선교가 한창이던 AD 49년경, 로마의 클라우디우스 황제가 로마시에서 유대인들을 추방하는 사건이 발생 했습니다.[행18:2] 유대인들이 배타적 유일신 사상과 까다로운 율법문제로 사회적 갈등을 조장한다는 것이 이유였습니다.

그래서 AD 49년 이후 로마교회에는 유대인 그리스도인들은 사라지고 이방인 그리스도인들만 남게 되었습니다. 갑작스럽게 로마교회는 이방인 그리스도인 중심의 교회가 된 것입니다. 당시 이방인 그리스도인들은 십자가의 복음을 믿기 때문에 율법적 성결의 전통에 대하여 자유로운 상태였습니다.

AD 54년경 클라우디우스 황제가 죽고, 네로 황제가 즉위하면서 유대인들이 로마로 다시 돌아와도 좋다고 허락하였습니다. 유대인들이 돌아오기 시작하였을 때, 로마교회는 이미 이방인 그리스도인들이 성장하여 그 수가 많아졌고, 유대인 그리스도인들은 수가 적었습니다. 그래서 로마교회는 이제 이방인 그리스도인들이 강한자의 위치에 있게 되었습니다.

- 유대인들 추방 전 : 유대인 그리스도인 ≫ 이방인 그리스도인
- 유대인들 추방 후 : 유대인 그리스도인 ≪ 이방인 그리스도인

◆ 갈등상태의 로마교회에 보내진 로마서

바울이 고린도에서 로마서를 쓸 당시에도(AD 57년경) 로마교회는 이방인 그리스도인 중심의 교회였으므로, 유대인 그리스도인과 이방인 그리스도인들 사이에 문화적 갈등이 존재하였습니다. 유대인 그리스도인들은 율법적 신앙관습을 따라 우상에게 제물로 바쳐졌다가 시장에 나온 음식과 성결법(코셔법–Kosher Laws)대로 준비하지 않은 음식은 부정하

게 여겨 먹지 않았지만, 이방인 그리스도인들은 율법으로부터 자유로웠기 때문에 아무 것이나 감사함으로 먹을 수 있었습니다. 그러므로 두 그룹 사이에 서로 판단하고 정죄하는 갈등이 존재하였습니다.

사도바울은 로마교회를 징검다리로 삼아 땅 끝까지 복음을 전하고자 하는 계획을 세웠는데, 로마교회가 갈등과 분열로 내홍을 겪게 되면 계획에 차질이 생길까 염려하였습니다. 특히 바울은 이방인의 사도로 알려졌기 때문에 오해의 소지가 매우 컸습니다. 그래서 로마교회에 미리 편지를 보내서 유대인이나 이방인을 구별하지 않는 십자가 복음의 본질을 바르게 가르치고, 그리스도 안에서 하나가 되어 복음 전파 사역에 협력하게 하려는 의도로 로마서를 보내게 된 것입니다.

로마서의 배경을 충분히 고려한 후에 로마서를 읽고 배워야 하나님께서 사도바울을 통하여 무엇을 말씀하려고 하셨는지 복음의 참된 의미를 깨달을 수 있습니다.

로마서 본문에는 유대인 그리스도인들과 이방인 그리스도인 두 부류와 복음을 반대하는 유대인 불신자들과 이방인 불신자들이 등장합니다. 로마서를 읽을 때에는 앞서 살펴본 배경에 유의하여 누구한테 무슨 말을 하는지 인칭 용어도 잘 이해해야 합니다.

예를 들어, 로마서 14-15장에는 믿음이 강한 자와 약한 자가 등장하고, '우리', '너희', '네가'(여러분) 등 유대인 그리스도인들이나 이방인 그리스도인들을 지칭하는 인칭 용어가 있는가 하면, '저희', '저들' '그들' 등은 유대인 불신자나 이방인 불신자 곧 복음을 훼방하는 자들을 지칭한다는 것을 알고 본문을 읽고 이해해야 합니다.

관찰하기

1. 로마교회는 어떤 교회였습니까?

2. 바울이 로마에 방문하기 전에 미리 편지를 쓴 이유는 무엇입니까?

2

서론

본문 읽기

✲ 로마서 1장 1~17절 (우리말성경)

1 〈인사〉 그리스도 예수의 종 바울은 사도로 부르심을 받아 하나님의 복음을
위해 따로 세움을 받았습니다. 2 그 복음은 하나님께서 예언자들을 통해 성경
에 미리 약속하신 것으로 3 하나님의 아들에 관한 것입니다. 그분은 육신으로
는 다윗의 후손으로 나셨고 4 성결의 영으로는 죽은 자들 가운데서 부활해 능
력 있는 하나님의 아들로 인정되셨으니 바로 우리 주 예수 그리스도십니다. 5
우리가 예수 그리스도를 통해 은혜와 사도직을 받았으니 이는 그분의 이름을
위해 모든 이방 사람들이 믿고 순종하도록 하기 위해서입니다. 6 여러분너희(수
신자, 로마교회) 역시 그들 가운데 부르심을 받아 예수 그리스도께 속한 사람들이
됐습니다. 7 하나님의 사랑을 받고 성도로 부르심을 받은 로마에 있는 모든 사
람에게 하나님 우리 아버지와 주 예수 그리스도로부터 은혜와 평강이 있기를
빕니다.

8 〈로마를 향한 바울의 마음〉 먼저 내가 여러분 모두를 두고 예수 그리스도
를 통해 내 하나님께 감사하는 것은 여러분의 믿음이 온 세상에 전파됐기 때문
입니다.

9 하나님의 아들의 복음 안에서 내 영으로 섬기는 하나님이 내 증인이신데
나는 항상 여러분을 기억하며 10 이제 하나님의 뜻 안에서 어떻게든지 내가 여
러분에게 갈 수 있는 길이 열리기를 기도하고 있습니다. 11 내가 여러분 보기
를 간절히 바라는 것은 어떤 신령한 은사를 나눠 주어 여러분을 강하게 하려는
것입니다. 12 이는 여러분과 내가 서로의 믿음으로 격려를 받기 위함입니다. 13
형제들이여, 나는 여러분이 이 사실을 모르기를 원치 않습니다. 곧 나는 다른
이방 사람들 가운데서처럼 여러분 가운데서도 열매를 맺기 위해 여러분에게
몇 번이나 가려고 했으나 지금까지 길이 막혔습니다. 14 나는 그리스 사람이든
미개한 사람이든, 지혜로운 사람이든 어리석은 사람이든, 그 모두에게 빚을 진
사람입니다. 15 그러므로 나는 로마에 있는 여러분에게도 복음 전하기를 간절
히 원합니다. 16 나는 복음을 부끄러워하지 않습니다. 이 복음은 모든 믿는 사
람들에게 구원을 주시는 하나님의 능력이기 때문입니다. 먼저는 유대 사람에게
요, 다음으로는 그리스 사람에게 입니다. 17 복음에는 하나님의 의가 계시돼 믿
음으로부터 믿음에 이르게 합니다. 기록되기를 "의인은 믿음으로 살 것이다"라
고 한 것과 같습니다.

1) 1장 1–17절까지는 로마서의 서문입니다. 바울은 복음을 위하여 사도요, 그리스도의 종이 되어 이 로마서를 썼다고, 편지를 쓴 자격에 대하여 말하고 있습니다.

2) 편지의 대상은 '모든 이방인', '로마에 있어 하나님의 사랑하심을 입고 성도로 부르심을 입은 모든 자들'입니다. 이들은 이방인 그리스도인과 유대인 그리스도인 모두를 지칭합니다. 이처럼 바울은 어느 한 편에 치우치지 않았습니다.

3) 바울은 먼저 로마교회의 믿음을 칭찬하고 축복했습니다. 그리고 신령한 은사를 나누어 주어 신앙을 견고하게 세우고, 바울과 로마교회가 서로 믿음으로 격려하기 위해 로마를 방문하려고 한다고 강조했습니다. 성령의 언어는 먼저 칭찬하고 격려하고 축복한 후에 문제를 이야기 합니다.

4) 바울은 헬라인(그리스인)이나 야만인이나 지혜 있는 자나 어리석은 자에게 빚진 자로 살았습니다. 그래서 로마에도 이 사랑의 빚을 갚기 위해 복음을 전하고자 했습니다. 사도바울에게 복음은 구원을 주시는 하나님의 능력이었기 때문에 복음을 부끄러워하지 않았습니다. 사도바울은 '복음에는 하나님의 의가 나타나서 믿음으로 믿음에 이르게 된다[1:17]'는 믿음의 원리를 가르쳐 주었습니다. 사도바울의 이런 신앙의 고백과 권고의 말씀이 루터의 영혼에 꽂혀 종교개혁의 불씨가 되어 오늘날 기독교가 등장하게 되었습니다. 우리도 믿음의 원리로 살아야 하고, 복음을 부끄러워하지 말아야합니다.

본문 읽기

✲ 로마서 1장 18~32절 (우리말성경)

18 〈하나님의 진노〉 하나님의 진노가, 불의로 진리를 막는 자들의 모든 불경
건과 불의에 대해서 하늘로부터 나타납니다. 19 이는 하나님을 알 만한 것이 그
들불의로 진리를 막는 자 가운데 분명히 드러나 있기 때문입니다. 하나님께서 그들
에게 그것을 명백히 보여 주셨습니다. 20 세상이 창조된 이후로 하나님의 보이
지 않는 것들, 곧 그분의 영원하신 능력과 신성이 그분이 만드신 만물을 통해
명백히 보여 알게 됐으므로 그들은 변명할 수 없습니다.

21 그들은 하나님을 알면서도 하나님을 영화롭게 하지도 않고 감사하지도 않
았습니다. 오히려 그들의 생각이 허망해졌고 그들의 어리석은 마음은 어두워졌
습니다. 22 그들은 스스로 지혜롭다고 하지만 미련하게 돼 23 썩지 않는 하나
님의 영광을 썩어질 사람이나 새나 짐승이나 기어 다니는 동물의 우상으로 바
꾸었습니다. 24 그러므로 하나님께서는 그들이 마음의 정욕대로 살도록 더러
움에 내버려 두시니 그들은 서로의 몸을 욕되게 했습니다. 25 그들은 하나님의
진리를 거짓과 바꾸고 창조주 대신 피조물을 경배하고 섬겼습니다. 하나님께서
는 영원히 찬양받으실 분이십니다. 아멘. 26 하나님께서는 이 때문에 그들을 수
치스러운 정욕에 내버려 두셨습니다. 여자들은 남자와의 정상적인 관계를 비정
상적인 관계로 바꾸고 27 남자들도 마찬가지로 여자와의 정상적인 관계를 버리
고 서로 정욕으로 불타올랐습니다. 그들은 같은 남자끼리 부끄러운 일을 저질
렀고 이런 타락한 행위로 인해 그들 자신이 마땅한 징벌을 받았습니다. 28 더
구나 그들이 하나님을 아는 지식을 하찮게 여기므로 하나님께서는 그들을 타
락한 마음대로 내버려 두셔서 합당치 못한 일을 하게 하셨습니다. 29 그들은
온갖 불의와 악행과 탐욕과 악의로 가득 차 있으며 질투와 살인과 다툼과 사기
와 악독으로 가득 차 있습니다. 그들은 수군거리기를 좋아하고 30 서로 헐뜯고,
하나님을 미워하고, 건방지고, 교만하고, 자랑하기 좋아하고, 악한 일을 궁리해
내고, 부모를 거역하고 31 어리석고, 신의가 없고, 인정도 없고, 무자비한 자들
입니다. 32 그들은 이와 같은 일을 행하는 자가 죽어 미땅하다는 하나님의 법
규를 알면서도 그런 짓을 계속할 뿐만 아니라 그렇게 행하는 자들을 옳다고 합
니다.

---

5) 1장 18-32절에 ‘저희’(그들) 라는 존재는 불의로 진리를 막는 불신자 이방인을 말합니다. 하나님께서는 이들에게도 자연 만물의 섭리를 통하여 하나님의 살아계심을 알게 하셨기 때문에, 이들도 심판을 피할 수 없습니다. 이들은 하나님을 알면서도 하나님께 영광을 돌리지 않고, 마음으로 하나님을 거부하고, 피조물로 우상을 만들어 섬

기고, 추악한 탐욕과 불의와 죄악을 저질렀기 때문에, 하나님을 진노하게 함으로 심판받게 된다는 것을 경고하였습니다. 이것은 오늘날에도 불의 때문에 진노의 심판이 있을 것을 예고한 말씀입니다.

관찰하기

1. 바울이 로마에 가려는 목적은 무엇이었습니까?

2. 바울에게 복음은 무엇이었습니까?

3. 이 땅에 하나님의 진노가 임하는 까닭은 무엇입니까?

4. 바울은 무엇을 불의라고 말하고 있습니까?

5. 불신자들에게는 왜 하나님이 없습니까?

적용하기

1-1. 내가 부르심을 받은 목적은 무엇입니까?

1-2. 나는 부르심의 확신이 있습니까?

바울이 작성한 서신의 1장 1절을 살펴보세요.

2-1. 나에게 복음은 무엇입니까?

2-2. 나는 복음에 대한 확신이 있습니까?

2-3. 이웃에게 복음을 자랑해 본 경험이 있습니까?

2-4. 지금 당장 누구에게 복음을 자랑하고 싶습니까?

3. 하나님의 진노를 피하려면 어떻게 살아야 합니까?

4-1. 불의란 무엇이라고 생각합니까?

4-2. 나는 불의와 상관이 있습니까?

5. 내 안에는 하나님이 계신다고 확신하십니까?

3

유대인 그리스도인들을 향한 권고

본문 읽기

✲ 로마서 2장 1~25절 (우리말성경)

1 〈하나님의 의로운 심판〉 그러므로 남을 판단하는 사람이여, 그대는 변명할
수 없습니다. 그대는 남을 판단하는 그것으로 그대 스스로를 정죄하고 있습니
다. 남을 판단하는 그대가 똑같은 일들을 행하기 때문입니다. 2 우리는 그런 일
을 행하는 사람에게 진리대로 하나님의 심판이 내린다는 것을 압니다. 3 그런
일을 행하는 사람을 판단하면서 똑같은 일을 행하는 사람이여, 그대가네가=판
단하는 자, 율법을 의지해 자랑하는 자(17절) 하나님의 심판을 피할 수 있을 줄로 생각
합니까? 4 아니면 하나님의 인자하심이 그대를 회개로 이끄시는 것을 알지 못
하고 그분의 인자하심과 용납하심과 오래 참으심의 풍성함을 멸시합니까? 5
그대의 고집과 회개하지 않는 마음 때문에 그대는 진노의 날 곧 하나님의 의
로운 심판이 나타날 그날에 그대에게 임할 진노를 쌓고 있습니다. 6 하나님께
서는 각 사람에게 그의 행위에 따라 갚아 주실 것입니다. 7 참고 선을 행해 영
광과 존귀와 불멸을 추구하는 사람에게는 영생을 주시나 8 자기 이익만 추구
하고 진리에 순종하지 않고 불의를 따르는 사람에게는 진노와 분노를 내리실
것입니다.

9 악을 행하는 모든 사람의 영혼에 환난과 고통이 있을 것입니다. 먼저는 유
대 사람에게 있을 것이며 다음으로는 그리스 사람[헬라인]에게 있을 것입니다. 10
그러나 선을 행하는 모든 사람에게는 영광과 존귀와 평강이 있을 것입니다. 먼
저는 유대 사람에게 있을 것이며 다음으로는 그리스 사람에게 있을 것입니다.
11 이는 하나님께서 사람을 편애하시지 않기 때문입니다. 12 율법 없이 죄짓는
사람은 모두 율법 없이 멸망하고 율법 안에서 죄짓는 사람은 모두 율법대로 심
판을 받을 것입니다. 13 하나님 앞에서는 율법을 듣는 사람이 의인이 아니라 오
직 율법을 행하는 사람이 의롭다는 인정을 받을 것입니다. 14 율법이 없는 이
방 사람이 본성으로 율법의 일을 행한다면 비록 그에게는 율법이 없을지라도
자기 자신이 자기에게 율법이 됩니다. 15 이런 사람은 율법의 요구가 자기 마음
에 기록돼 있음을 보여 줍니다. 그들의 양심도 이것을 증거합니다. 그들의 생각
이 서로 고발하기도 하고 변호하기도 합니다. 16 이런 일은 내가 전한 복음대로
하나님께서 그리스도 예수를 통해 사람들의 은밀한 것을 심판하실 그날에 일
어날 것입니다.

17 〈유대 사람과 율법〉 그대는 자칭 유대 사람이라 하고 율법을 의지하고 하
나님을 자랑하고 18 율법의 가르침을 받아 하나님의 뜻을 알고 지극히 선한 것
을 분간할 줄 압니다. 19 그리고 그대는 스스로 눈먼 사람의 안내자요, 어둠 속
에 있는 사람의 빛이요 20 어리석은 자의 교사요, 어린아이의 선생이라고 믿고
있습니다. 이는 그대가 율법의 지식과 진리의 교훈을 갖고 있기 때문입니다. 21
그렇다면 남을 가르치는 그대가 왜 자신은 가르치지 않습니까? 도둑질하지 말
라고 선포하는 그대가 왜 도둑질합니까? 22 간음하지 말라고 하는 그대가 왜
간음합니까? 우상이라면 질색하는 그대가 왜 신전 물건을 훔칩니까? 23 율법
을 자랑하는 그대가 왜 율법을 어기고 하나님을 욕되게 합니까? 24 기록되기
를 "하나님의 이름이 너희로 인해 이방 사람들 사이에서 모욕을 당하는구나"라
고 한 것과 같습니다. 25 그대가 율법을 행하면 할례는 가치가 있습니다. 그러
나 그대가 율법을 어기면 그대의 할례는 무할례와 같습니다.

◆ 2장 내용 요약

1) 2장 1–5절과 17–25절의 '네가'는 판단하는 자, 율법을 의지하며 자랑하는 자, 곧 본문에서 '유대인이라 칭하는 네가 율법을 의지하며 하나님을 자랑하며'라고 말한 대로 유대인 그리스도인을 지칭한 말입니다.[17절]

유대인 그리스도인들은 선민사상에 젖어 이방인들의 삶이 불의하다고 판단하고 비난하면서도 자신들도 같은 불의를 행하는 어리석은 자들이었습니다. 예수님께서 마태복음 산상설교 7장에서 말씀하신 것처럼 남을 판단하고 비난할 자격이 없는 사람들입니다. 유대인 그리스도인들도 자신의 불의를 회개하지 않으면 심판을 피할 수 없습니다.

2) 하나님은 유대인이나 이방인 누구든지 구별하지 않고 각 사람이 행한 대로 갚아 주시되, 악을 행하는 자에게는 환난과 곤고함으로, 선을 행하는 자에게는 영광과 존귀와 평강으로 갚아 주십니다. 그러므로 우리 자신을 말씀의 거울 앞에서 비추어 보아야 합니다.

3) 할례의 우월성과 선민사항을 강조하면서 율법을 행하지 않으면 할례가 무할례가 됩니다. 이방인들에게도 양심이라는 율법을 주었습니다. 율법을 행하지도 않으면서 자랑만 하면 안 됩니다. 자랑하려면 율법을 행하는 자가 되어야 합니다.

본문 읽기

✻ 로마서 2장 26~29절 (우리말성경)

26 할례 받지 않은 사람이 율법의 요구를 지킨다면 그의 무할례가 할례로 여
겨지지 않겠습니까? 27 본래 할례 받지 않은 사람이 율법을 지키면 율법의 조
문과 할례를 소유하고도 율법을 어기는 그대를 심판하지 않겠습니까? 28 겉으
로 유대 사람이라고 해서 참 유대 사람이 아니고 몸에 받은 할례가 참 할례가
아닙니다. 29 오히려 속사람이 유대 사람이라야 참 유대 사람이며 문자화된 율
법에 의해서가 아니라 성령으로 마음에 받은 할례가 참 할례입니다. 그 칭찬은
사람에게서가 아니라 하나님에게서 옵니다.

4) 하나님은 사람을 외모로 취하지 않으십니다. 율법의 본질을 바로 이해해야 합니다. 겉으로 드러난 육신의 할례(표면적 육신의 할례)를 받은 자가 유대인이 아니라, 마음에 할례를 행하여 변화된(이면적 마음의 할례) 유대인이 참 유대인 곧 하나님의 자녀입니다. 형식적인 신앙보다 마음의 변화가 중요합니다.

마음이 없이 습관과 형식에 얽매인 그리스도인은 하나님께서 인정하지 않으십니다.

관찰하기

1. 유대인 그리스도인들이 이방인 그리스도인들을 비판한 이유는 무엇입니까?

2. 하나님은 선을 행한 사람과 악을 행한 사람에게 각각 무엇으로 갚아 주십니까?

3. 하나님은 우리가 어떤 그리스도인(형식화된, 또는 마음이 변화된)이 되기를 원하십니까?

적용하기

1-1. 남에게 비난 받는 세속적인 행동을 했던 경험이 있습니까?

1-2. 술에 취하거나, 세속적인 행동을 하는 성도를 볼 때, 어떤 마음이 듭니까?

1-3. 세속적으로 타락한 행동을 하는 사람을 어떻게 대하여야 합니까?

2–1. 나도 하지 않는 일을 남한테 하라고 강요한 경험이 있습니까?

2–2. 나 자신에게 잘못된 습관과 고집이 있다고 생각하십니까? 잘못된 습관과 고집이 있다면 어떻게 해야 합니까?

2–3. 하나님께서는 행한 대로 갚아 주신다고 하셨는데, 하나님께서 나에게 무엇으로 갚아 주실 것 같습니까?

3. 나는 스스로 판단하기에 어떤 그리스도인이라고 생각하십니까?

형식과 체면을 중시하는, 마음이 변화 된 신실한

◆ 3장 내용 요약

본문 읽기

✻ 로마서 3장 1~31절 (우리말성경)

1 〈신실하신 하나님〉 그러면 유대 사람이라고 해서 무슨 혜택이 있고 할례에
는 무슨 가치가 있습니까? 2 여러모로 많습니다. 첫째는 그들이 하나님의 말씀
을 맡았다는 것입니다. 3 그런데 그들 가운데 어떤 사람들이 믿지 않았다면 어
떻게 되겠습니까? 그들의 불신앙이 하나님의 신실하심을 무효화시키겠습니까?
4 결코 그럴 수 없습니다! 사람은 다 거짓말쟁이라 해도 하나님은 진실하십니
다. 기록되기를 "주께서 말씀하실 때 의롭다는 인정을 받으시고 판단 받으실 때
이기려 하심이다" 라고 한 것과 같습니다. 5 그러나 우리의 불의함이 하나님의
의를 드러나게 한다면 우리가 무슨 말을 하겠습니까? 내가 사람들이 말하는 논
리대로 말해 보면 하나님께서 우리에게 진노를 내리신다고 해서 불의하시다는
말입니까? 6 결코 그럴 수 없습니다. 만일 그렇다면 하나님께서 어떻게 세상을
심판하실 수 있겠습니까? 7 그러나 어떤 사람들은 반박할 것입니다. "내 거짓으
로 인해 하나님의 진실하심이 더욱 풍성해져서 그분에게 영광이 됐다면 왜 내
가 여전히 죄인으로 심판을 받느냐?" 8 그리고 "선을 이루기 위해 악을 행하자"
라고 말하지 않겠습니까? [어떤 사람들은 우리가 그렇게 말한다고 비방하니] 그
런 사람들은 심판을 받아 마땅합니다.

9 〈모두가 죄인임〉 그러면 무슨 말을 해야 하겠습니까? 우리가 더 낫습니까?
결코 그렇지 않습니다. 유대 사람이나 그리스 사람이나 다 죄 아래 있다고 우리
가 이미 선언했습니다. 10 기록되기를 "의인은 없으니 하나도 없고 11 깨닫는 자
도 없고 하나님을 찾는 자도 없다. 12 모두 곁길로 행해 다 쓸모없게 됐다. 선을
행하는 자가 없으니 하나도 없다." 13 "그들의 목구멍은 열려 있는 무덤이고 혀
로는 거짓말만 일삼으며 그들의 입술에는 독사의 독이 있고 14 그들의 입에는
저주와 독설이 가득하다." 15 "그들의 발은 피 흘리는 데 민첩하며 16 그들의 길
에는 파멸과 참담함이 있어 17 그들은 평강의 길을 알지 못했다." 18 "그들의 눈
에는 하나님을 두려워함이 없다"시 36:1 라고 한 것과 같습니다. 19 우리가 알거
니와(우리말성경에서 생략됨) 율법이 말하는 것은 율법 아래 있는 자들에게 말하는
것임을 우리는 압니다. 이는 모든 입을 다물게 하고 온 세상이 하나님의 심판
아래 있게 하려는 것입니다.

20 그러므로 율법의 행위로는 하나님 앞에서 의롭다는 인정을 받을 육체가
없습니다. 율법으로는 죄를 깨달을 뿐입니다.

21 〈믿음으로 의인이 됨〉 그러나 이제는 율법과 별개로 하나님의 의가 나타났
습니다. 이것은 율법과 예언자들이 증거한 것입니다. 22 하나님의 의는 예수 그
리스도를 믿는 믿음으로 인해 믿는 모든 사람에게 주어집니다. 거기에는 차별
이 없습니다. 23 모든 사람이 죄를 지었으므로 하나님의 영광에 이르지 못합니
다. 24 그러나 그리스도 예수 안에 있는 구속으로 인해 하나님의 은혜로 값없
이 의롭다는 인정을 받습니다. 25 하나님께서는 이 예수를 속죄제물로 내어 주
셨습니다. 의롭게 되는 것은 예수의 피를 믿음으로써 이루어집니다. 이는 하나
님께서 오래 참으시는 가운데 과거에 지은 죄를 간과하심으로 그분의 의를 나
타내시기 위함입니다. 26 지금 이때에 하나님께서 그분의 의를 나타내신 것은
자신이 의로우시며 또한 예수 믿는 사람들을 의롭다고 인정하시는 분임을 나타
내시기 위함입니다. 27 그렇다면 자랑할 것이 어디에 있습니까? 전혀 없습니다.
어떤 법으로입니까? 행위로입니까? 아닙니다. 오직 믿음의 법으로입니다. 28 우
리는 사람이 율법의 행위와 상관없이 믿음으로 의롭다는 인정을 받는다고 생각
합니다. 29 하나님이 유대 사람만의 하나님입니까? 이방 사람의 하나님은 아닙
니까? 진실로 이방 사람의 하나님도 되십니다. 30 할례 받은 사람도 믿음으로
인해, 또한 할례 받지 않은 사람도 믿음으로 인해 의롭다고 인정하실 하나님은
한 분뿐이십니다. 31 그러면 우리가 믿음으로 말미암아 율법을 파기합니까? 결
코 그럴 수 없습니다. 오히려 우리는 율법을 굳게 세웁니다.

---

1) '저희'[2, 8, 13, 18절] '우리'[9, 19, 31절]가 나오는데, '저희'는 이방인 불신자 또는 율법으로 복음의 본질을 훼손시키는 불신 유대인들을, '우리'는 유대인 그리스도인 또는 이에 동조하는 자들을 가리킵니다. 가리키는 대상이 누구냐에 따라 말씀의 의미가 달라지기 때문에, 대상이 누구인지 명확히 알아야 합니다.

2) 유대인들이 먼저 택하심을 받은 민족이라는 특권이 있지만, 불의를 행하는 유대인들의 하나님은 아닙니다. 하나님은 불의를 행하는 자들의 하나님도 아니십니다. 만약에 하나님께서 불의를 행하는 자들의 하나님이 되신다면 어떻게 불의를 심판 하실 수 있겠습니까? 만일 불의를 눈감아 주신다면 불의를 행하여도 된다고 마음 놓고 죄를 범할 수 있는 위험이 있기 때문에 하나님은 불의를 용납하시지 않습니다. 하나님은 불의를 행하는 자와 함께 하시지 않습니다.

3) 사람은 유대인이나 이방인이나 모두 거짓되고 죄인이기 때문에 스스로 의롭게 될 수 있는 자는 아무도 없습니다. 율법의 행위로도 의롭다 할 육체는 전혀 없습니다. 다만 구약의 율법의 역할은 죄를 깨닫게 할 뿐, 죄를 해결해 주지는 못합니다. 그러므로 모든 사람이 죄 아래 살아가고, 죄를 범했기 때문에 하나님의 영광에 이를 수 없습니다.

4) 우리가 율법의 행위, 곧 육체적인 사람의 노력으로는 결단코 의롭게 될 수 없습니다. 오직 예수 그리스도의 십자가 보혈의 능력으로만 속죄가 이루어지고, 구속의 은혜를 믿는 믿음으로만 의롭게 됩니다.

5) 하나님은 예수그리스도 안에서 유대인들의 하나님도 되고, 이방인들의 하나님도 되시기 때문에, 유대인들만 의롭다고 하는 잘못된 선민사상에 빠지면 안 됩니다. 하나님은 그리스도 안에서 할례나 무할례를 구분하지 않으십니다. 다만 할례자나 무할례자나 모두 믿음으로만 의롭게 됩니다. 죄인을 의롭다고 하실 분은 오직 하나님 한

분 뿐이십니다.

그리스도인들은 서로 대결하고 비교하고 판단하는 사람들이 아닙니다. 각자가 하나님께 나가서 자기의 의로 구원을 받는 사람이라는 것을 잊지 말아야 합니다. 남 때문에 힘들어 하고, 남을 판단하고 정죄하는 신앙은 잘못된 신앙입니다. 우리는 약한 자를 사랑으로 돕고 섬기는 자로 부르심을 받았지 심판자로 부르시지 않았습니다.

관찰하기

1-1. 유대인들에게는 어떤 특권이 있었습니까?

1-2. 하나님께서 불의와 함께 하시지 않는 이유는 무엇입니까?

1-3. 구약성경의 율법의 역할과 기능은 무엇입니까?

2. 사람이 하나님의 영광에 이를 수 없는 이유는 무엇입니까?

3. 사람이 무엇으로 의롭게 됩니까?

적용하기

1-1. 나는 그리스도인으로서 어떤 특권이 있습니까?

1-2. 율법이 무엇이냐고 물으면 어떻게 대답하시겠습니까?

2-1. 하나님 앞에서 인간은 어떤 존재입니까?

2-2. 인간의 노력과 수고로 하나님의 영광 앞에 나갈 수 없는 이유는 무엇입니까?

2-3. 불신자들은 왜 하나님의 영광 앞에 나갈 수 없습니까?

3. 나는 의인입니까? 어떻게 의롭게 되었습니까?

◆ 4장 내용 요약

1) 유대인들은 할례나 율법을 내세워 율법을 지키는 자신들만이 의롭다는 우월감에 사로잡혀 살았기 때문에 이방인들을 무시하고 정죄하는 경향이 있었습니다. 현대 그리스도인들도 잘못된 우월감에 사로잡혀 불신자들을 무시하고 정죄하는 경향이 있습니다. 말씀에 어긋난 잘못된 신앙입니다.

2) 바울은 1:18–3:30에서 이방인이나 유대인이나 하나님 앞에서 모두 죄인이기 때문에 "의인은 없나니 하나도 없습니다."3:10라고 말했습니다. 인간은 자신의 노력으로는 결코 의롭게 되거나 하나님의 영광에 이를 수 없고, 모두 심판 아래 놓여 있는 전적으로 무능하고 절망적인 상태에 있습니다.

3) 3:21–4:25에서도 사람이 의롭게 되는 것은 사람의 노력과 행위, 육체의 할례나 율법이 아니라 오직 예수 그리스도를 믿음으로 의롭게 된다는 것을 아브라함의 믿음을 증거로 들어 가르쳐 주었습니다.

본문 읽기

✲ 로마서 4장 1~25절 (우리말성경)

1 〈아브라함의 믿음〉 그러면 우리가 육신에 따라 우리의 조상이 된 아브라함이 무엇을 얻었다고 말할 수 있겠습니까? 2 만일 아브라함이 행위로 의롭다는 인정을 받았다면 자랑할 것이 있겠지만 하나님 앞에서는 없습니다. 3 성경은 무엇이라고 말합니까? "아브라함이 하나님을 믿으니 이것이 그에게 의로 여겨졌다" 라고 합니다.

4 일하는 자에게는 품삯이 은혜로 여겨지지 않고 정당한 대가로 여겨지나 5
일하지 않고도 경건치 않은 사람을 의롭다고 인정하시는 분을 믿는 사람에게
는 그의 믿음이 의로 여겨집니다. 6 행위와 상관없이 하나님께 의롭다고 인정받
는 사람의 복에 대해 다윗도 이렇게 말합니다. 7 "주께서 불법을 용서하시고 죄
를 덮어 주시는 사람은 복이 있고 8 주께서 그 죄를 인정치 않으실 사람은 복
이 있다." 9 그러면 이 복은 할례받은 사람에게만 내리는 것입니까? 아니면 할
례받지 않은 사람에게도 내리는 것입니까? 우리가 말하기를 "아브라함이 하나
님을 믿으니 이것이 그에게 의로 여겨졌다"라고 했습니다. 10 그러면 이것이 어
떻게 의로 여겨졌습니까? 그가 할례를 받은 때입니까? 아니면 할례를 받지 않
은 때입니까? 할례를 받은 때가 아니라 할례를 받지 않은 때입니다. 11 그가 할
례의 표식을 받은 것은 할례를 받지 않은 때에 얻은 믿음의 의를 확증하는 것
이었습니다. 이는 아브라함이 할례받지 않은 사람으로서 믿는 모든 사람들의
조상이 돼 그들도 의롭다는 인정을 받게 하려는 것이었습니다. 12 그는 또한 할
례받은 사람의 조상이 됐습니다. 곧 할례를 받았을 뿐 아니라 우리 조상 아브라
함이 할례를 받지 않은 때에 가졌던 믿음의 발자취를 따르는 사람들의 조상이
됐습니다. 13 아브라함이나 그의 후손에게 세상의 상속자가 되리라고 하신 약
속은 율법으로 인해 된 것이 아니라 오직 믿음의 의로 인해 된 것입니다. 14 만
일 율법을 따라 사는 사람들이 상속자가 된다면 믿음은 무효가 되고 약속은 파
기됐을 것입니다. 15 왜냐하면 율법은 진노를 부르기 때문입니다. 율법이 없는
곳에는 범법함도 없습니다. 16 그러므로 약속은 믿음으로 말미암습니다. 이는
아브라함의 모든 후손, 곧 율법을 따라 사는 사람뿐 아니라 아브라함의 믿음을
따라 사는 사람들에게도 은혜로 이 약속을 보장해 주시기 위한 것입니다. 아브
라함은 우리 모두의 조상입니다. 17 기록되기를 "내가 너를 많은 민족의 조상으
로 세웠다"라고 한 것과 같습니다. 아브라함은 그가 믿은 하나님, 곧 죽은 사람
을 살리시며 없는 것을 있는 것같이 부르시는 하나님 앞에서 우리의 조상이 됐
습니다. 18 아브라함은 소망이 없는 가운데서도 소망을 갖고 믿었습니다. 이는
"네 후손이 이와 같을 것이다"라고 하신 말씀대로 많은 민족의 조상이 되게 하
기 위한 것이었습니다. 19 아브라함은 100세나 돼 이미 자기 몸이 죽은 것 같고
사라의 태가 죽은 것 같음을 알고도 믿음이 약해지지 않았습니다. 20 그는 하
나님의 약속을 믿고 의심하지 않았고 도리어 믿음이 굳건해져서 하나님께 영광
을 돌리고

21 약속하신 그것을 또한 능히 이루실 것을 확신했습니다. 22 그러므로 이것
이 그에게 의로 여겨졌습니다. 23 "그에게 의로 여겨졌다"라는 말은 아브라함만
을 위해 기록된 것이 아니라 24 의롭다는 인정을 받을 우리, 곧 우리 주 예수를
죽은 사람 가운데서 살리신 분을 믿는 우리도 위한 것입니다. 25 예수께서는 우
리의 범죄를 인해 죽음에 넘겨지셨고 우리의 의를 위해 살리심을 받았습니다.

의롭게 된다[칭의, 稱義, justification]는 말은 하나님께서 '거룩하다, 죄가 없다, 옳다'라고 법적으로 인정 또는 선언하시는 하나님의 은혜를 말합니다. 우리가 예수님을 믿으면 예수님이 우리의 죄 값을 대신 지불하신 것이 되기 때문에 거룩하다고 인정하시는 것입니다. 하나님께서 예수님을 믿음으로 죄 사함을 받고 거룩하다고 인정하는 그 상태를 '칭의'라고 말합니다.

4) 아브라함은 하나님의 부르심을 받았을 때에 하나님의 약속을 온전히 믿고 모든 것을 버리고 부르심에 순종하였습니다. 아브라함은 불가능한 현실 상황 속에서도 약속의 믿음을 포기하지 않고 끝까지 믿었기 때문에 믿음으로 아들 이삭을 약속의 자손으로 얻을 수 있었습니다.

아브라함이 하나님께로부터 의롭다고 인정받은 것은 육신의 선한 행위나 할례, 또는 율법으로 말미암은 것이 아니라, 그가 하나님을 믿음으로 그 믿음을 의로 인정하신 것입니다.[창15:6]

할례나 율법은 결단코 약속의 믿음을 앞서지는 못합니다. 할례는

아브라함이 약속을 믿고, 그 약속의 믿음을 인치기 위해 주신 행위였고, 율법도 아브라함 이후 400년이 지난 후에 아브라함의 언약을 이루시기 위해 모세를 통하여 시내산에서 주신 것이기 때문에 할례나 율법은 약속의 믿음을 앞설 수는 없습니다. 그러므로 할례와 율법으로는 결코 의롭게 될 수 없습니다. 율법은 죄를 깨닫게 하여 죄를 씻어 거룩하게 하시는 예수께로 나가게 하는 역할을 할 뿐입니다.

관찰하기

1. 유대인 그리스도인들이 이방인 그리스도인들을 무시한 이유가 무엇입니까?

2-1. 인간 스스로의 노력으로 의인이 될 수 있습니까?

2-2. 사람이 선한 행위나 율법으로 의인이 될 수 있습니까?

3. 아브라함은 어떻게 의인으로 인정받았습니까? 우리는 어떻게 해야 의인으로 인정받습니까?

4. 믿음과 할례와 율법을 생긴 순서대로 배열해 봅시다. 왜? 믿음이 할례와 율법보다 우월합니까?

적용하기

1. 세속적인 그리스도인들이나 불신자들을 무시하고 비난했던 경험이 있습니까? 이유는 무엇이었습니까?

2-1. 스스로의 노력이나 힘으로 의롭게 되려고 애썼던 경험이 있습니까?

2-2. 스스로 의롭게 되려고 하다가 실패하고 좌절한 경험이 있습니까?

3-1. 사람이 어떻게 해야 의롭게 됩니까?

3-2. 내 주변 사람들을 의롭게 하려면 어떻게 해야 합니까?

4-1. 우리에게 예수 그리스도에 대한 믿음이 왜 그렇게 중요합니까?

4-2. 그리스도 안에서 나에게 믿음이란 무엇입니까?

◆ 5장 내용 요약

바울은 5:1–8:39절에서 하나님께서 믿음으로 의롭다고 인정[칭의]한 자들이 누리는 화평과 기쁨과 소망에 대하여 말합니다. 이후로 바울은 '우리'라는 하나 됨의 용어를 지속적으로 사용합니다. 누구나 예수그리스도를 통해 의롭게 되면 유대인 그리스도인이나 이방인 그리스도인 모두 동등하고, 하나가 되기 때문입니다.

갈등을 겪는 두 그룹 사이에 화해와 일치를 이루고자 하는 바울의 간절한 사랑이 담겨져 있습니다. 그리스도인들은 갈등을 만드는 사람이 아니라 화해와 일치를 만들어 가는 사람들입니다.

본문 읽기

✲ 로마서 5장 1~21절 (우리말성경)

1 〈평화와 기쁨〉 그러므로 우리는 믿음으로 의롭다는 인정을 받아 우리 주 예
수 그리스도로 인해 하나님과 더불어 화평을 누리고 있습니다. 2 또한 우리는
그분으로 인해 우리가 서 있는 은혜에 들어감을 얻었으며 하나님의 영광을 바
라며 기뻐합니다. 3 뿐만 아니라 우리는 또한 환난 가운데서도 기뻐합니다. 이는
환난은 인내를, 4 인내는 연단을, 연단은 소망을 이루는 줄을 알기 때문입니다. 5
이 소망은 우리를 낙심시키지 않습니다. 하나님께서 우리에게 주신 성령으로 인
해 그분의 사랑을 우리 마음에 부어 주셨기 때문입니다. 6 우리가 아직 연약할
때 그리스도께서는 작정된 시기에 경건하지 않은 사람을 위해 죽으셨습니다. 7
의인을 위해 죽는 사람은 거의 없고 선한 사람을 위해 과감히 죽는 사람은 간혹
있기는 합니다. 8 그러나 우리가 아직 죄인이었을 때 그리스도께서 우리를 위해
죽으심으로 하나님께서는 우리에 대한 그분의 사랑을 나타내셨습니다.

9 그러므로 이제 우리가 그리스도의 피로써 의롭다는 인정을 받았으니 그리
스도로 인해 하나님의 진노에서 확실히 구원받을 것입니다. 10 우리가 하나님
과 원수 됐을 때 하나님의 아들이 죽으심으로 인해 그분과 화목하게 됐으니 화
목하게 된 우리는 하나님의 생명으로 인해 확실히 구원을 받을 것입니다. 11 그
뿐 아니라 이제 우리는 우리를 하나님과 화목하게 하신 우리 주 예수 그리스도
로 인해 하나님 안에서 기뻐합니다.

12 〈아담을 통한 죽음, 그리스도를 통한 생명〉 그러므로 한 사람으로 인해 죄
가 세상에 들어오고 또 죄로 인해 죽음이 들어온 것같이 모든 사람이 죄를 지
었으므로 죽음이 모든 사람에게 이르렀습니다. 13 율법이 있기 전에도 죄가 세
상에 있었으나 율법이 없을 때는 죄가 죄로 여겨지지 않았습니다. 14 그러나 아
담 시대부터 모세 시대에 이르기까지 아담의 범죄와 같은 죄를 짓지 않은 사람
들에게까지 죽음이 왕 노릇 했습니다. 아담은 오실 분의 모형입니다. 15 그러나
하나님이 그리스도를 통해 주시는 은사는 아담의 범죄와 같지 않습니다. 한 사
람의 범죄로 인해 많은 사람이 죽었으나 하나님과 한 사람 예수 그리스도의 은
혜로 인해 주어지는 선물은 더욱 많은 사람에게 넘쳤습니다. 16 또한 이 선물은
범죄한 한 사람으로 인해 생긴 결과와 같지 않습니다. 심판은 한 사람으로 인해
정죄에 이르렀으나 하나님이 그리스도를 통해 주시는 은사는 많은 범죄로 인해
의롭다 하심에 이르게 됩니다. 17 아담 한 사람의 범죄로 인해, 죽음이 바로 그
한 사람을 통해서 왕 노릇 했다면 은혜와 의의 선물을 넘치도록 받는 사람들은
한 분 예수 그리스도로 인해 생명 안에서 왕 노릇 할 것입니다. 18 그러므로 한
사람의 범죄로 인해 모든 사람이 정죄에 이른 것처럼 한 분의 의로운 행동으로
인해 모든 사람이 의롭다는 인정을 받아 생명에 이르렀습니다. 19 한 사람의 불
순종으로 인해 많은 사람이 죄인이 된 것처럼 한 분의 순종으로 인해 많은 사
람이 의인이 될 것입니다. 20 율법은 범죄를 더하게 하려고 들어왔습니다. 그러
나 죄가 더한 곳에 은혜가 더욱 넘쳤습니다. 21 이것은 죄가 죽음 안에서 왕 노
릇 한 것처럼 은혜도 의로 인해 왕 노릇 해 예수 그리스도 우리 주로 인해 영생
에 이르게 하려는 것입니다.

1) 사도바울은 예수님 때문에 의롭게 된 사람들은 하나님과 화평을 누려야 하고, 하나님의 은혜와 영광을 바라보면서 어떤 환난조차도 기뻐해야 한다고 가르쳤습니다. 그리스도 안에서는 환난이 인내를 인내가 연단을 연단이 소망을 만들기 때문에 모든 것이 다 유익합니다.

사탄의 도구인 원망과 불평은 아무 것도 해결하지 못하고 오히려 파괴와 파멸과 좌절만 만들기 때문입니다. 위기 속에서도 기쁨과 감사는 문제를 해결하는 성령의 열쇠가 됩니다.

2) 유대인 그리스도인이나 이방인 그리스도인 모두가 '연약할 때', '불경건한 자였을 때', '죄인이었을 때', '하나님과 원수 되었을 때' 예수께서 우리의 죄를 대신하여 십자가에서 단번에 죽으심으로 우리의 죗값을 지불하심으로 우리를 얼마나 사랑하시는 그 사랑을 확증해 주셨습니다. 그러므로 이제 그리스도 안에 있는 사람들은 누구나 예수님으로 말미암아 하나님과 화평을 누려야 합니다. 이제 그리스도인들은 더 이상 죄의 종이 아닙니다. 죄의 종이 되면 죄 때문에 아프고 힘들어집니다. 이제는 죄로 인하여 아파하고 힘들어 하지 말고 주님의 사랑으로 화평을 누려야 합니다.

3) 하나님과 예수님은 유대인이나 이방인이나 차별하시지 않으십니다. 주 안에서는 모두 하나입니다. 유대인이나 이방인 모두 아담 한 사람의 죄 때문에, 죄 가운데서 태어나서 죄의 종이 되어 죄 가운데 살다가 사망에 이르게 되었습니다.

그러나 이제 우리는 한 사람 예수 그리스도의 십자가로 말미암아 의롭다 하심을 입고 구원받아서 영원한 생명에 이르게 되었습니다. 아무런 조건도 없이 의롭다 하신 이 놀라운 사랑을 '하나님의 은혜'라고 말합니다. 예수님 때문에 이 은혜가 우리에게 넘치는 것입니다. 우리가 예수님을 믿기 전에는 죄와 사망이 왕 노릇했지만, 이제는 예수님 안에서 십자가의 구속으로 말미암아 은혜가 왕 노릇하여 영원한 삶을 얻게 되었고, 주님의 은혜로 참 자유자가 되었습니다.

4) 바울은 배타적인 문화로 말미암아 갈등과 혼란을 겪고 있는 로마교회에게 예수 그리스도의 십자가 은혜 아래에서는 모두가 하나임을 일깨워 주었습니다.

우리도 그리스도 안에서 차별이 없이 모두 하나입니다. 배타적 신앙으로 갈등을 만들면 십자가의 사랑을 모독하는 것이 됩니다.

관찰하기

1. 그리스도인들은 왜 환난조차도 유익합니까?

2. 하나님께서 우리를 향하신 사랑을 무엇으로 어떻게 증명하셨습니까?

3. 하나님의 은혜란 무엇을 말합니까?

4. 예수님의 십자가가 왜 그렇게 중요합니까?

적용하기

1-1. 나는 어떤 환난고난, 아픔의 경험이 있습니까?

1-2. 나의 고난의 원인은 무엇이라고 생각합니까?

1-3. 나에게 고난은 어떤 의미가 있습니까?

1-4. 고난을 통해 어떤 유익을 얻습니까?

2–1. 하나님의 사랑에 대한 확신이 있습니까?

2–2. 나를 향하신 하나님의 사랑의 증거는 무엇입니까?

3–1. 나에게 하나님은 어떤 은혜를 베푸셨습니까?

3–2. 나는 하나님의 은혜에 대한 확신이 있습니까?

4–1. 나에게 십자가는 어떤 의미가 있습니까?

4–2. 내가 십자가를 통하여 얻은 것이 무엇입니까?

◆ 6장 내용 요약

1) 6장은 5장과 이어지는 이야기입니다. 유대인이든지 이방인이든지 예수 그리스도를 믿고 그의 십자가의 죽음에 동참하는 자는 누구나 '우리' 곧 하나입니다.

그런데 '너희'[11–22절]라는 '율법 아래'에 있는 유대인 그리스도인들은 아직 십자가 복음의 본질을 깨닫지 못하고 율법적 사고 때문에 갈등의 요소를 가지고 있는 자들입니다.

본문 읽기

✲ 로마서 6장 1~23절 (우리말성경)

1 〈죄는 죽음, 그리스도는 생명〉 그러면 우리가 무슨 말을 해야 하겠습니까?
은혜를 더하게 하려고 죄 가운데 머물러 있어야 하겠습니까? 2 결코 그럴 수
없습니다. 죄에 대해 죽은 우리가 어떻게 죄 가운데 그대로 살겠습니까? 3 그
리스도와 연합해 세례를 받은 우리는 모두 그리스도의 죽으심과 연합해 세례
를 받은 줄을 알지 못합니까? 4 그러므로 우리는 그리스도의 죽으심과 연합해
세례를 받음으로써 그분과 함께 묻혔습니다. 이는 그리스도께서 아버지의 영광
으로 인해 죽은 자들 가운데서 살리심을 받은 것처럼 우리도 또한 새 생명 가
운데서 살게 하려는 것입니다. 5 우리가 그리스도의 죽으심과 같은 죽음으로 그
분과 연합한 사람이 됐다면 분명히 우리는 그리스도의 부활하심과 같은 부활
로도 그분과 연합한 사람이 될 것입니다. 6 우리의 옛 사람이 십자가에 못 박힌
것은 죄의 몸이 멸해져 우리가 더 이상 죄의 종이 되지 않게 하려는 것임을 압
니다. 7 이는 죽은 사람은 이미 죄에서 벗어났기 때문입니다. 8 우리가 그리스
도와 함께 죽었다면 또한 그분과 함께 살 것을 믿습니다. 9 우리가 알기로 죽은
사람 가운데서 살리심을 받은 그리스도께서는 다시 죽지 않으시고 죽음이 더
이상 그분을 지배하지 못합니다.

10 그리스도께서 죽으신 것은 죄에 대해 단번에 죽으신 것이요, 그분이 사시
는 것은 하나님께 대해 사시는 것입니다. 11 이와 같이 여러분너희(율법 아래 있는유
대인그리스도인들)도 자신을 죄에 대해서는 죽은 자요, 하나님께 대해서는 그리스
도 예수 안에서 산 자로 여기십시오. 12 그러므로 여러분의 죽을 몸에서 죄가
왕 노릇 하지 못하게 해 몸의 정욕에 순종하지 말고 13 또한 여러분의 지체를
불의의 무기로 죄에게 내주지 말고 오직 죽은 자 가운데서 다시 사신 자처럼 여
러분 자신을 하나님께 드리며 여러분의 지체를 의의 무기로 하나님께 드리십시
오. 14 죄가 여러분을 지배하지 못할 것인데 여러분이 율법 아래 있지 않고 은
혜 아래 있기 때문입니다.

15 〈의의 종〉 그러면 어떻게 해야 하겠습니까? 우리가 율법 아래 있지 않고
은혜 아래 있다고 해서 죄를 짓겠습니까? 결코 그럴 수 없습니다. 16 여러분이
자신을 종으로 드려 누구에게든지 순종하면 여러분은 여러분이 순종하는 그
사람의 종이 되는 줄을 알지 못합니까? 여러분은 죄의 종이 돼 죽음에 이르거
나 아니면 순종의 종이 돼 의에 이릅니다. 17 그러나 하나님께 감사드립시다. 여
러분이 전에는 죄의 종이었으나 이제는 여러분이 전해 받은 교훈의 본을 마음
으로부터 순종함으로 18 죄에서 해방돼 의의 종이 됐습니다. 19 여러분의 육신
이 연약하므로 내가 사람의 방식대로 말합니다. 여러분이 전에는 자기의 지체
를 부정과 불법의 종으로 내주어 불법에 이른 것처럼 이제는 여러분의 지체를
의의 종으로 드려 거룩함에 이르십시오. 20 여러분이 죄의 종이었을 때는 의에
대해 자유스러웠습니다. 21 그러나 여러분은 그때 무슨 열매를 거두었습니까?
이제 여러분은 그런 일들을 부끄러워합니다. 이는 그것들의 마지막이 죽음이기
때문입니다. 22 그러나 이제 여러분은 죄에서 해방되고 하나님의 종이 돼 거룩
함에 이르는 열매를 맺고 있습니다. 그 마지막은 영생입니다. 23 죄의 대가는 죽
음이요, 하나님의 은사는 그리스도 예수 우리 주 안에 있는 영생입니다.

---

2) 예수그리스도를 믿고 예수님을 영접한다는 말은 죄에 대하여 예수님과 함께 십자가에 못 박혀서 죽고 장례를 치렀다는 것을 의미

합니다. 예수님을 영접한 사람들은 죄에 대하여 죽었기 때문에, 옛 사람이 죽은 것입니다. 그러므로 죄와는 상관이 없습니다. 예수님과 함께 십자가에서 죽으면 예수님처럼 부활에도 참여하기 때문에, 그리스도인들은 자신을 죄에 대하여는 죽은 자로 여기고, 그리스도 예수 안에서 하나님께 대하여는 산 자로 여겨야 합니다. 우리는 그리스도 안에서 의인 곧 새사람이 된 것입니다.

3) 죄에 대하여 십자가에 못 박혀 죽은 그리스도인들은 옛사람이 죽었기 때문에, 더 이상 몸을 죄의 병기로 사용해서는 안 되고, 오직 의의 병기로 사용해야 합니다. 누구든지 순종하는 자의 종이 되기 때문입니다. 죄에 대하여 죽은 자들은 의에 순종하여 의에 이르러야 합니다.

죄의 종이 되면 그 삯으로 사망에 이르고, 하나님의 종으로 살면 하나님의 은혜의 선물로 예수 우리 주 안에 있는 영생의 축복에 이르게 됩니다.

관찰하기

1. 유대인 그리스도인들과 이방인 그리스도인들 사이의 갈등 요인은 무엇입니까?

2. 예수님을 영접하고 세례를 받는다는 것은 어떤 의미가 담겨져 있습니까?

3. 예수님을 영접한 사람은 자신의 몸을 어디에 어떻게 사용해야 합니까?

적용하기

1-1. 주 안에서 갈등을 경험한 일이 있습니까?

1-2. 내가 경험한 갈등요인은 무엇이었습니까?

2-1. 진심으로 예수님을 구주로 영접했습니까?

2-2. 예수님은 나에게 어떤 분이십니까?

2-3. 세례를 받으셨습니까? 나에게 세례는 어떤 의미가 있습니까?

3-1. 나의 몸을 어디에 사용하고 있습니까?

3-2. 나는 무엇을 위해 부르심을 받았고, 무엇을 위해 일하고 있습니까?

부르심의 사명과 목적 - 직업 소명

◆ 7장 내용 요약

1) 7장은 6장에 이어 율법과 십자가의 관계를 설명하고 있습니다. '너희'[1, 4절]는 아직 율법과 은혜를 분별하지 못해서 율법 아래 있으려고 하는 유대인 그리스도인들을 말하고 있습니다. 그들에게 은혜와 믿음을 통한 하나님의 의가 강조되어야 하는 까닭을 결혼관계를 통하여 구체적이고 논리적으로 설명했습니다. 바울은 5:20절에서 이미 율법 아래에 있는 유대인과 율법이 없는 이방인은 실제적으로 차이가 없다는 것을 지적하였고, 유대인과 이방인 둘 다 예수 그리스도를 통해 율법에서 벗어났음을 강조하였습니다.

본문 읽기

✲ 로마서 7장 1~25절 (우리말성경)

1 〈결혼관계로 비유된 율법〉 형제들이여, 내가 율법을 알고 있는 사람들에게
말합니다. 여러분은 율법이 사람이 살아 있는 동안에만 그 사람을 지배한다는
것을 알지 못합니까? 2 결혼한 여자가 그 남편이 살아 있는 동안에는 법으로 남
편에게 매여 있으나 그 남편이 죽으면 남편의 법에서 벗어나게 됩니다. 3 그러므
로 남편이 아직 살아 있을 때 여자가 다른 남자에게 간다면 간음한 여자라 불릴
것입니다. 그러나 만일 남편이 죽으면 그 법에서 벗어나게 되므로 다른 남자에게
가더라도 간음한 여자가 되지 않습니다. 4 그러므로 내 형제들이여, 여러분도 그
리스도의 몸으로 인해 율법에 대해 죽은 자가 됐습니다. 이것은 우리가 다른 분,
곧 죽은 자 가운데서 살아나신 분에게 속해 하나님을 위해 열매를 맺게 하려는
것입니다. 5 우리가 육신에 있을 때는 율법으로 인한 죄의 정욕이 우리 지체 속
에서 작용해 죽음에 이르는 열매를 맺게 했습니다. 6 그러나 이제는 우리가 우
리를 옭아매던 것에 대해 죽었으므로 율법에서 벗어났습니다. 그러므로 우리는
성령의 새로운 것으로 섬기고 문자에 의한 해묵은 것으로 섬기지 않습니다.

7 〈죄와의 싸움〉 그러면 우리가 무슨 말을 하겠습니까? 율법이 죄입니까? 결
코 그럴 수 없습니다. 율법에 비춰 보지 않았다면 나는 죄를 알지 못했을 것입
니다. 율법이 "탐내지 말라"고 하지 않았다면 나는 탐심을 알지 못했을 것입니
다. 8 그러나 죄가 계명으로 인해 기회를 타서 내 안에 각종 탐심을 일으켰습니
다. 율법이 없으면 죄는 죽은 것입니다. 9 전에 율법이 없었을 때는 내가 살아 있
었지만 계명이 들어오자 죄는 살아나고 10 나는 죽었습니다. 생명에 이르게 할
그 계명이 나를 죽음에 이르게 하는 것이 됐습니다. 11 죄가 계명으로 인해 기
회를 타서 나를 속이고 그 계명으로 나를 죽였습니다. 12 그러므로 율법도 거룩
하고 계명도 거룩하고 의롭고 선합니다. 13 그러면 선한 것이 내게 죽음을 가져
다 주었다는 말입니까? 결코 그럴 수 없습니다. 오히려 죄가 죄로 드러나도록 하
기 위해 그 선한 것으로 내게 죽음을 가져왔습니다. 이는 계명으로 인해 죄가 더
욱 죄가 되게 하려는 것입니다. 14 우리는 율법이 신령한 줄 압니다. 그러나 나는
죄 아래 팔려 육신에 속해 있습니다. 15 나는 내가 행하는 것을 이해할 수 없습
니다. 이는 내가 원하는 것은 행하지 않고 오히려 증오하는 것을 행하기 때문입
니다. 16 그러나 내가 원하지 않는 것을 행한다면 나는 율법이 선하다는 것을 시
인하는 것입니다. 17 그러나 지금 그것을 행하는 사람은 내가 아니라 내 안에 거
하는 죄입니다. 18 나는 내 안, 곧 내 육신 속에 선한 것이 거하지 않는 줄을 압
니다. 원함은 내게 있으나 선을 행하는 것은 없습니다. 19 내가 원하는 선은 행
하지 않고 오히려 원하지 않는 악을 행합니다. 20 만일 내가 원하지 않는 것을
행한다면 그것을 행하는 사람은 내가 아니라 내 안에 거하는 죄입니다. 21 그러
므로 나는 하나의 법칙을 깨달았습니다. 곧 선을 행하기 원하는 나에게 악이 함
께 있다는 것입니다. 22 내가 속사람으로는 하나님의 법을 즐거워하지만 23 내
지체 안에서 하나의 다른 법이 내 마음의 법과 싸워 나를 내 지체 안에 있는 죄
의 법의 포로로 잡아가는 것을 봅니다. 24 아, 나는 비참한 사람입니다! 이 사망
의 몸에서 누가 나를 구해 내겠습니까? 25 우리 주 예수 그리스도로 인해 하나
님께 감사드립니다. 그러므로 나 자신은 마음으로는 하나님의 법을, 육신으로는
죄의 법을 섬기고 있습니다.

2) 혼인 관계에서 아내가 남편이 있는 동안에는 법률적으로 구속을 받지만 남편이 죽게 되면 남편으로부터 자유 하듯이, 사망에 이르게 하는 율법에 대하여 죽으면, 율법으로부터 자유 할 수 있습니다.

율법 자체는 나쁜 것도, 죄도 아닙니다. 율법은 죄를 발견하게 하고, 죄를 깨닫게 하고, 그 죄를 해결해 줄 수 있는 그리스도에게로 나가도록 돕는 선한 역할을 합니다.

3) 사도바울도 십자가의 깊은 은혜를 깨닫기 전에는 마음으로는 하나님의 법을, 육신으로는 죄의 법을 섬긴다는 사실 때문에 가슴을 치며 탄식을 했습니다.[7:21-25] 그러나 자신이 죄의 종이 아님을 깨닫고 난 후에는 죄를 짓게 하는 것은 자신이 아니라 자신 속에 거하는 죄라는 사실을 알고 예수님의 십자가의 은혜에 감사했습니다.

우리가 구속 받아서 하나님의 자녀가 되었을지라도, 아직은 죄악된 세상에 존재하고 육신을 입고 살아가고 있다는 것을 기억해야 합니다. 그래서 여전히 죄가 육신 속에 함께하여 육체의 본능을 자극하고 속이고 우리 속에서 역사하고 있습니다. 그러나 그것이 내가 아니라 내 속에 거하는 죄라는 것을 깨닫고 죄에 사로잡히지 말고 죄를 다스려야 합니다.

불완전함의 분명한 원인은 내가 아니라 내 속에 거하는 죄 때문이라는 사실입니다. 그러므로 죄의 생각에 사로잡히지 말고 깨어 있는 상태를 유지해야 합니다. 깨어 있는 상태를 유지하려면 주야로 말씀을 묵상하고 깨어 기도해야 합니다.

우리는 예수님과 함께 십자가에서 죽었기 때문에 죄와는 아무 상관이 없습니다. 우리 마음속에서 죄가 활동하고 있을 뿐이므로 우리는 죄의 거짓 된 속삭임과 생각에 사로잡히지 말고, 오직 진리의 성령의 음성에 귀를 기울이고 육신의 생각을 성령으로 다스리고 성령의 생각을 따라 살아야 합니다.

관찰하기

1. 율법과 죄로부터 자유하려면 어떻게 해야 합니까?

2-1. 율법의 역할은 무엇입니까?

2-2. 율법이 죄입니까?

2-3. 율법 자체가 나쁜 것입니까?

3. 복음으로 의롭게 되고 자유를 얻었지만, 여전히 마음에 죄악이 존재하는 이유는 무엇입니까?

적용하기

1. 나는 율법으로부터 자유 합니까? 율법으로부터 자유하려면 어떻게 해야 합니까?

2-1. 신앙생활을 하면서, '나는 정말 무능력한 죄인'이라는 경험을 해보았습니까?

2-2. 내가 죄인이라는 사실을 알고 무엇을 했습니까?

2-3. 내가 죄인임을 알게 되면 무엇을 해야 합니까?

3-1. 예수님을 영접한 후 죄의식이 전혀 없었습니까?

3-2. 예수님을 믿으면서도 여전히 죄의식이 있는 이유는 무엇입니까?

◆ 8장 내용 요약

본문 읽기

✲ 로마서 8장 1~39절 (우리말성경)

1 〈성령을 통한 생명〉 그러나 이제 그리스도 예수 안에 있는 사람들은 정죄를
받지 않습니다. 2 이는 그리스도 예수 안에 있는 생명의 성령의 법이 죄와 죽음
의 법에서 여러분을 해방했기 때문입니다. 3 율법이 육신으로 인해 연약해져서
할 수 없던 그 일을 하나님께서는 하셨습니다. 곧 하나님께서는 죄를 속량해 주
시려고 자기 아들을 죄 있는 육신의 모습으로 보내셔서 육신 안에서 죄를 심판
하셨습니다. 4 이는 육신을 따라 살지 않고 성령을 따라 사는 우리에게 율법의
요구가 이루어지게 하시려는 것입니다. 5 육신을 따라 사는 사람은 육신의 일을
생각하지만 성령을 따라 사는 사람은 성령의 일을 생각합니다. 6 육신의 생각
은 죽음이지만 성령의 생각은 생명과 평안입니다. 7 육신의 생각은 하나님을 적
대하는 것입니다. 그것은 하나님의 법에 복종하지 않을 뿐더러 복종할 수도 없
습니다. 8 육신 안에 사는 사람들은 하나님을 기쁘시게 할 수 없습니다. 9 그러
나 하나님의 영이 여러분너희(아직 육신에 거하는 자들) 안에 거하시면 여러분은 육신
에 있지 않고 성령 안에 있습니다. 누구든지 그리스도의 영이 없으면 그리스도
의 사람이 아닙니다. 10 그러나 그리스도가 여러분 안에 계시다면 몸은 죄로 인
해 죽으나 영은 의로 인해 살아 있습니다. 11 예수를 죽은 사람 가운데서 살리
신 분의 영이 여러분 안에 거하시면, 그리스도 예수를 죽은 사람 가운데서 살리
신 분께서 여러분 안에 거하시는 자기 영으로 인해 여러분의 죽을 몸도 살리실
것입니다. 12 그러므로 형제들이여, 우리그리스도와 함께 고난 받는 자, 성령의 인도를 받
는 자, 상속자, 하나님 자녀들 모두는 육신을 따라 살아야 하는 육신에 빚진 사람이 아
닙니다. 13 만일 여러분이 육신을 따라 살면 반드시 죽을 것이지만 성령으로 몸
의 행실을 죽이면 살 것입니다. 14 누구든지 하나님의 영으로 인도를 받는 사람
들은 하나님의 아들들입니다. 15 여러분은 다시 두려움에 이르게 하는 종의 영을
받지 않고 양자의 영을 받았습니다. 우리는 그 영으로 아바 아버지라고 부릅니
다. 16 성령은 친히 우리의 영과 더불어 우리가 하나님의 자녀임을 증거합니다.

17 우리가 자녀이면 또한 상속자입니다. 우리가 그리스도와 함께 영광을 받기
위해 그분과 더불어 고난을 받으면 우리는 하나님의 상속자요, 그리스도와 함께
상속자가 됩니다. 18 〈영광스러운 미래〉 현재의 고난은 앞으로 우리에게 나타날
영광과 족히 비교할 수 없다고 생각합니다. 19 피조물은 하나님의 아들들이 나
타나기를 고대하고 있습니다. 20 피조물이 허무한 데 굴복하게 된 것은 자신의
뜻이 아니라 오직 굴복하게 하시는 분으로 인한 것입니다. 그러나 피조물도 소망
가운데 있으니 21 이는 피조물 자신도 썩어짐의 종노릇하는 데서 벗어나 하나님
의 자녀가 누릴 영광의 자유에 이를 것이기 때문입니다. 22 우리는 모든 피조물
이 지금까지 함께 탄식하며 함께 해산의 고통을 겪고 있다는 것을 알고 있습니
다. 23 그뿐 아니라 또한 성령의 첫 열매를 가진 우리조차도 속으로 탄식하며 양
자 됨, 곧 우리 몸의 구속을 기다리고 있습니다. 24 이는 우리가 이 소망 가운데
구원을 받았기 때문입니다. 그러나 눈에 보이는 소망은 소망이 아닙니다. 보이는
것을 누가 소망하겠습니까? 25 만일 우리가 보지 못하는 것을 소망한다면 참고
기다려야 합니다. 26 성령께서도 우리의 연약함을 도와주십니다. 우리는 마땅히
무엇을 기도해야 할지 알지 못하지만 오직 성령께서 친히 말로 할 수 없는 탄식
으로 우리를 위해 간구하십니다. 27 마음을 살피시는 분께서 성령의 생각이 무
엇인지 아십니다. 이는 성령께서 하나님의 뜻을 따라 성도를 위해 간구하시기
때문입니다.

28 〈하나님의 사랑〉 우리는 하나님을 사랑하는 사람들, 곧 그분의 뜻을 따라
부르심을 받은 사람들에게는 모든 것이 합력해 선을 이루는 줄을 압니다. 29 하
나님께서는 미리 아신 사람들을 자기 아들의 형상을 닮게 하시려고 또한 미리
정하셨습니다. 이는 그 아들이 많은 형제들 가운데 맏아들이 되게 하시기 위함
입니다. 30 하나님께서는 미리 정하신 그들을 또한 부르시고 부르신 그들을 또
한 의롭다 하시고 의롭다 하신 그들을 또한 영화롭게 하셨습니다. 31 그러면 이
일에 대해 우리가 무슨 말을 하겠습니까? 하나님께서 우리를 위하시면 누가 우
리를 대적하겠습니까? 32 자기 아들을 아끼지 않으시고 우리 모두를 위해 내어
주신 분께서 어떻게 아들과 함께 모든 것을 우리에게 은혜로 주지 않으시겠습니
까? 33 누가 하나님께서 택하신 자들을 고소할 수 있겠습니까? 의롭다고 인정
하신 분은 하나님이십니다.

34 누가 정죄하겠습니까? 죽었을 뿐 아니라 살리심을 받으신 분은 그리스도
예수십니다. 그분은 하나님 오른편에 계시며 우리를 위해 간구하십니다. 35 누
가 우리를 그리스도의 사랑에서 끊을 수 있겠습니까? 환난이나 곤고나 핍박이
나 배고픔이나 헐벗음이나 위험이나 칼이겠습니까? 36 기록되기를 “우리가 종
일 주를 위해 죽임을 당하며 도살할 양같이 여김을 받았다”라고 한 것과 같습니
다. 37 그러나 이 모든 일에 우리를 사랑하시는 분으로 인해 우리가 넉넉히 이
깁니다. 38 나는 확신합니다. 죽음이나 생명도, 천사들이나 악마들도, 현재 일이
나 장래 일이나 어떤 능력도, 39 높음이나 깊음이나 다른 어떤 피조물도 그리스
도 예수 우리 주 안에 있는 하나님의 사랑에서 우리를 끊을 수 없습니다.

8장의 ‘너희’[9–15절]는 7장의 연속으로 율법 아래 있는 유대인 그리스도인들 곧 아직 육신에 거하는 자, 분명한 믿음이 없는 자들입니다. ‘우리’[12, 17, 18, 23–26, 28, 31–39절]는 유대인 그리스도인이나 이방인 그리스도인 중에 그리스도와 함께 고난을 받는 자, 성령의 도움과 인도하심을 받는 자, 하나님 나라의 상속자, 하나님의 자녀들 모두를 말하고 있습니다.

8장 31–39절에서 그리스도인들을 어떤 위협과 위험 속에서도 붙들어 주는 힘이 하나님의 놀라운 사랑입니다. 이것이 우리를 위해 일하시는 하나님의 사랑이요, 복음입니다. 그리스도 안에 있는 하나님의 계약적 사랑은 믿는 모든 사람, 곧 유대인이나 이방인을 구별하지 않고 복음을 믿는 모든 사람에게 주어집니다.

1) 예수그리스도 안에 있는 자들은 결코 정죄함이 없습니다. 생명의 성령의 법, 곧 십자가의 생명의 법으로 말미암아 죄와 사망의 법

으로부터 속량 받고, 죄와 전혀 상관없는 부활의 새 생명을 약속받았기 때문입니다.

2) 죄를 속량 받은 그리스도인들은 육신의 생각을 따르면 사망에 이르고, 영의 생각을 따르면 생명과 평안을 얻게 됩니다. 그러므로 육신에게 져서 육신대로 살지 말고 영으로써 몸의 행실을 죽이며 살아야 합니다.

영으로써 몸의 행실을 죽이는 방법은 성령의 생각을 따를 수 있도록 말씀을 깊이 묵상하여 영혼 속에 지워지지 않도록 새기고, 말씀의 정신을 따라 자신을 내려놓고 십자가의 눈과 사랑으로 살며 기도하는 것입니다.

3) 그리스도인들은 종의 영을 받은 것이 아니라 하나님의 아들의 영을 받았으므로, 하나님을 아빠 아버지라고 부를 수 있는 특권이 주어졌습니다. 아빠란 자녀의 모든 것을 법적으로 책임지는 자를 말합니다. 그러므로 하나님께서 우리의 아빠가 되시면 모든 것을 법적으로 책임지신다는 말입니다.

그러므로 자녀 된 우리는 육신의 생각을 버리고 하나님의 영으로 인도함을 받으며 살아야 합니다. 성령도 이것을 증언했습니다. 하나님의 아들답게 살되, 하나님 나라의 상속자가 되려면 고난에도 동참해야 합니다. 상속자가 받는 고난은 죄를 짓고 당하는 고난과는 구별됩니다. 이 고난은 거룩하게 살도록 돕는 수고의 고난, 죄인을 의인으로 변화시키고, 죄와 싸우고 그리스도 안에서 바르게 살고자 노력하고, 바르게 살도록 돕는 수고를 말합니다. 우리가 현재 이 세상에서 당하는 고난은 장차 다가올 상속의 영광과 전혀 비교 대상이 되지 못하기 때문에 죄와 싸우는 거룩한 고난에 적극 동참해야 합니다.

4) 피조물 된 우리를 죄로 말미암아 썩어짐의 종노릇하는 데서 해방시켜 하나님의 자녀의 영광에 이르게 하시기 위해서 미리 아신 자들을 정하시고[선택], 정하신 그들을 부르시고[소명], 부르신 자들을 의롭게 하시고[칭의], 의롭게 한 자들을 영화롭게[성화] 하십니다. 이것을 성화의 과정이라고 말합니다.

5) 하나님은 우리를 구원하시기 위해 아들도 아끼지 않으시고 저주의 십자가에 내어주실 만큼 사랑하시고, 우리가 주의 이름으로 무엇이든지 구하면 다 주시는 분이십니다. 그래서 이 세상의 그 어떤 것들도 우리를 향하신 하나님의 놀라운 사랑을 단절시키거나 가로막을 수 없습니다.[8:31-39]

관찰하기

1–1. 생명의 성령의 법이 무엇입니까?

1–2. 생명의 성령의 법의 역할은 무엇입니까?

2–1. 그리스도인들은 왜 육신의 생각을 버리고, 성령의 생각을 따라야 합니까?

2–2. 육신의 생각을 쫓아 살면 어떤 결과가 주어집니까?

3–1. 우리가 어떻게 해서 하나님을 아빠 아버지라고 부르게 되었습니까? 아빠란 어떤 의미로 사용하고 있습니까?

3–2. 하나님의 상속자가 되면 무엇을 상속하게 됩니까? 상속자는 어떤 고난에 동참해야 합니까?

4. 우리가 성화되기 위해 어떤 과정을 거쳐야 합니까?

5–1. 하나님께서 우리를 얼마나 사랑하십니까?

5–2. 이 세상에 우리를 향하신 하나님의 사랑을 끊을 수 있는 것이 존재합니까?

적용하기

1. 예수님을 영접하고 죄로부터 해방되어 자유 해졌습니까? 십자가는 나에게 어떤 역할을 하고 있습니까?

2-1. 육신의 생각이란 무엇을 말합니까?성령의 생각이란 무엇을 말합니까?

2-2. 육신의 생각을 따르고 있습니까? 성령의 생각을 따르고 있습니까?

3-1. 나는 하나님의 자녀입니까? 나는 하나님을 아빠 아버지라고 확실하게 고백하고 있습니까?

3-2. 나는 하나님의 상속자입니까? 무엇을 상속하게 됩니까?

3-3. 하나님의 상속자는 어떻게 살아야 합니까?

4-1. 나는 성화의 과정을 분명하게 이해하고 있습니까?

4-2. 나는 하나님의 맏아들로 성화되어가고 있습니까?

4-3. 나는 성화되기 위해 무엇을 하고 있습니까?

5-1. 하나님께서 나를 얼마나 사랑하신다고 생각합니까?

5-2. 나는 내가 어느 정도의 가치가 된다고 생각합니까?

4

이방인 그리스도인들을 향한 권고

하나님의 은혜로 많은 특권과 혜택을 받고 택함 받은 이스라엘 민족은 예수님과 사도들의 헌신적인 사랑의 수고에도 불구하고, 대부분이 구약의 율법적 사고에 매여 복음을 거부하였습니다.

그들이 축복의 복음을 거부함으로 모세나 선지자들의 예언대로 오히려 이방인들에게 복음의 축복과 혜택이 돌아가고 말았습니다. 사도바울은 9장–11장까지 이러한 안타깝고 가슴 아픈 사실을 바탕으로 이방인 그리스도인들을 권고했습니다.

사도바울은 2장–8장까지 유대인 그리스도인들에게 복음의 본질을 가르쳐서 정죄와 판단, 우월의식을 갖지 말 것을 권고한 후,[1:18–8:39] 9장–11장까지는 이방인 그리스도인들에게 똑같이 복음으로 가르쳐서 유대인 그리스도인들을 무시하거나, 그들에게 걸림돌이 되지 말 것을 권고하였습니다.

특히 사도바울 자신은 이방인의 사도로 자처하면서도 자신의 동족인 유대인들, 곧 이스라엘 백성의 구원에 대하여 구약성경을 인용하여 하나님의 긍휼과 간절한 구원의 희망을 말하고 있습니다. 사도바울에게는 여전히 유대인 그리스도인들이나 이방인 그리스도인들 모두 하나님 앞에서 동등한 존재입니다.

◆ 9장 내용 요약

'저희'[4, 32절]는 아직 돌아오지 않은 유대인이나 이스라엘을 말합니다. 반면에 긍휼을 입은 '우리'는[24절] '유대인 중에서 뿐 아니라 이방인 중에서도 부르신 자들'을 말하고 있습니다.

본문 읽기

✲ 로마서 9장 1~33절 (우리말성경)

1 〈하나님의 주권적 선택〉 나는 그리스도 안에서 진실을 말하고 거짓말을 하
지 않습니다. 내 양심이 성령 안에서 내게 이것을 증거합니다. 2 곧 내게 큰 근
심이 있다는 것과 내 마음에 끊임없는 고통이 있다는 것입니다. 3 나는 내 형제,
곧 육신을 따라 된 내 동족을 위해서라면 나 자신이 저주를 받아 그리스도에게
서 끊어진다 할지라도 좋겠습니다. 4 내 동족은 이스라엘 사람입니다. 그들아직
돌아오지 않은 유대인(이스라엘)에게는 양자 됨과 영광과 언약들과 율법을 세우심과
예배와 약속들이 있고 5 조상도 그들의 것이요, 육신적으로는 그리스도도 그들
에게서 나셨습니다. 그분은 만물 위에 계시고 영원토록 찬양받으실 하나님이십
니다. 아멘. 6 그러나 하나님의 말씀이 파기된 것 같지는 않습니다. 이스라엘에
게서 난 사람들이라고 해서 다 이스라엘이 아니고

7 아브라함의 씨라고 해서 다 그의 자녀가 아니기 때문입니다. 오히려 “이삭에게서 난 자라야 네 씨라고 불릴 것이다”라고 하셨습니다. 8 곧 육신의 자녀가 하나님의 자녀가 아니라 오직 약속의 자녀가 씨로 여김을 받는다는 것입니다. 9 약속의 말씀은 이것입니다. “내년 이때에 내가 올 것이니 사라에게 아들이 있을 것이다.” 10 그뿐이 아닙니다. 리브가가 또한 우리 조상 이삭 한 사람으로 인해 임신했는데 11 그 자식들이 아직 태어나지도 않고 또 어떤 선이나 악을 행하기도 전에 택하심을 따라 되는 하나님의 뜻이, 12 행위로 인하지 않고 오직 부르시는 분으로 인해 서게 하시려고 리브가에게 말씀하시기를 “큰 자가 어린 자를 섬길 것이다”라고 하셨습니다. 13 기록되기를 “내가 야곱은 사랑하고 에서는 미워했다” 라고 한 것과 같습니다. 14 그렇다면 우리가 무슨 말을 하겠습니까? 하나님이 불의하십니까? 결코 그럴 수 없습니다. 15 하나님께서 모세에게 말씀하시기를 "내가 긍휼히 여길 자를 긍휼히 여기고 내가 불쌍히 여길 자를 불쌍히 여길 것이다"라고 하셨습니다. 16 그러므로 이것은 원하는 사람에게 달려 있는 것도 아니고 달음질하는 사람에게 달려 있는 것도 아니고 오직 긍휼히 여기시는 하나님께 달려 있습니다. 17 성경에서 바로에게 말씀하기를 “내가 이를 위해 너를 세웠으니 곧 너로 인해 내 능력을 나타내고 내 이름이 온 땅에 전파되게 하려는 것이다”라고 했습니다. 18 이와 같이 하나님께서는 원하시는 사람을 긍휼히 여기시고 원하시는 사람을 완악하게 하십니다. 19 그러면 그대는 내게 “그렇다면 하나님은 왜 여전히 책망하시는 것입니까? 누가 그분의 뜻을 거역하겠습니까?”라고 할 것입니다. 20 그러나 사람이 무엇이기에 감히 하나님께 말대답을 한단 말입니까? 지음을 받은 것이 지은 자에게 “왜 나를 이렇게 만들었습니까?”라고 대들 수 있겠습니까? 21 토기장이가 진흙 한 덩어리를 가지고 하나는 귀히 쓸 그릇을, 다른 하나는 막 쓸 그릇을 만들 권리가 없겠습니까? 22 만일 하나님께서 진노를 보이시고 능력을 알리시고자 멸망 받도록 예비 된 진노의 그릇에 대해 오래 참으심으로 관용하시고 23 영광을 받도록 예비하신 긍휼의 그릇에 대해 그분의 영광이 풍성함을 알게 하고자 하셨다면 어찌하겠습니까? 24 하나님께서 우리유대인 및 이방인 중에서도 부르신 자들를 바로 이 그릇으로 부르셨으니, 곧 유대 사람 가운데서 뿐 아니라 이방 사람 가운데서도 부르셨습니다. 25 호세아서에서도 하나님께서 말씀하시기를 “내가 내 백성이 아닌 자를 내 백성이라, 사랑받지 못한 자를 사랑받는 자라 부를 것이다” 26 “그리고 ‘너희는 내 백성이 아니다’라고 그들에게 말한 그곳에서 그들이 살아 계신 하나님의 아들들이라 불릴 것이다”호1:10 라고 한 것과 같습니다.

27 이사야도 이스라엘에 대해 부르짖기를 "비록 이스라엘 자손의 수가 바다의
모래알 같을지라도 오직 남은 자만 구원받을 것이다. 28 주께서 그 말씀하신 것
을 땅 위에서 온전하고 신속히 이루실 것이다"라고 했습니다. 29 또한 이사야가
미리 말하기를 "만군의 주께서 우리에게 씨를 남겨 두지 않으셨더라면 우리는
소돔같이 되고 고모라같이 됐을 것이다"[사1:9] 라고 한 것과 같습니다.

30 〈이스라엘의 불신〉 그렇다면 우리가 무슨 말을 하겠습니까? 의를 따르지
않은 이방 사람이 의, 곧 믿음으로 인한 의를 얻었으나 31 의의 율법을 따르던
이스라엘은 율법에 이르지 못했습니다. 32 그 이유가 무엇입니까? 이는 그들아직
돌아오지 않은 유대인(이스라엘)이 믿음에 의해서가 아니라 행위로 의를 얻는 것처럼
행했기 때문입니다. 그들은 걸림돌에 걸려 넘어지고 말았습니다. 33 기록되기를
"보라, 내가 시온에 걸림돌과 거치는 바위를 두리니 그를 믿는 자는 수치를 당하
지 않을 것이다"라고 한 것과 같습니다.

1) 사도바울은 언약의 온갖 혜택을 다 입고도 회개하지 않는 자신의 동족들에 대한 애타는 심정을 고백하였습니다.

양자됨과 영광과 언약들과 율법과 예배와 약속들과 조상들도 모두 이스라엘의 것이고, 예수님도 유다지파에서 태어나셨고, 먼저 그들을 위해, 그들에게 오셨지만, 그들이 이 놀라운 축복을 거부함으로 그 복음의 혜택이 이방인들에게 돌아갔기 때문입니다.

2) 그러나 이스라엘에게서 난 그들이 모두 이스라엘은 아닙니다. 아브라함의 씨라고 모두 그 자녀가 아닙니다. 오직 약속을 따라 낳은 이삭의 자녀들만이 하나님의 자녀였습니다. 그러므로 약속으로 오신 예수님을 믿는 자들만이 약속의 자녀가 되는 것입니다.

3) 야곱은 사랑하고 에서는 미워하셨듯이, 하나님은 긍휼히 여길 자를 긍휼히 여기고, 불쌍히 여길 자를 불쌍히 여기시는 토기장이 같은 권세로 일하시는 하나님이십니다. 우리는 토기장이 되신 하나님께서 빚으신 그릇입니다. 하나님은 사람을 택하실 때, 사람의 선한 행위로 기준을 삼지 않습니다. 하나님은 원하시는 자, 합당한 자를 택하셔서 분명한 목적을 가지고 일하시는 분이십니다.

그래서 하나님은 사람의 중심을 보시고 사랑할 만한 사람을 사랑하시고, 긍휼히 여길 만한 사람을 긍휼이 여기시는 분이십니다.

4) 복음은 마땅히 유대인들이 먼저 받아야 할 축복이었지만, 호세아 선지자가 예언한 대로 하나님의 백성이 아닌 이방인들이 하나님의 백성이 되고, 유대인들은 과거 율법의 전통적 고정관념과 교리의 틀에 갇혀서 십자가의 걸림돌에 걸려 넘어지고 말았습니다. 히브리서에서 가르친 것처럼 구약의 제사의 진정한 의미를 깨닫지 못해서 십자가의 구속을 받아들이지 못한 것입니다. 구약의 제사는 그림자의 역사이고, 예수님의 십자가는 진정한 속죄제와 번제와 화목제였습니다.

구원의 반열에 서야 할 그들이 서지 못한 것은 그들이 복음의 약속, 곧 십자가의 구속을 믿는 믿음을 의지한 것이 아니라 율법적 형식주의와 자신의 행위, 자신의 의를 의지하였기 때문이었습니다.

유대인들은 율법이 죄를 깨닫게 하고, 죄를 해결할 수 있는 예수님의 십자가에까지 이끌어 가는 인도자라는 사실을 깨닫지 못하였습니다.

율법은 죄를 깨닫게만 할 뿐, 죄를 영원히 해결하지 못하기 때문에 율법만을 따르면 영원히 죄 아래 있을 수밖에 없습니다.

관찰하기

1. 바울은 왜 자신의 동족 이스라엘을 안타까워했습니까?

2-1. 하나님은 왜 야곱은 사랑하고 에서는 미워하셨습니까?

2-2. 하나님은 어떤 권세를 가지고 일하십니까?

3. 복음의 축복과 혜택이 유대인에게서 이방인에게로 넘어간 이유는 무엇입니까?

적용하기

1. 가족이나 형제, 친구들이 예수를 믿지 않아서 안타까워하고 있습니까? 가장 안타까운 사람은 누구입니까?

2-1. 누구는 구원받고, 누구는 구원받지 못하는 것이 불공평합니까? 있다면 그 이유는 무엇입니까?

2-2. 나에게 복음의 혜택이 어떻게 돌아왔습니까?

2-3. 구원받지 못하는 사람들은 왜 구원받지 못합니까?

3-1. 누군가 복음을 받아들이지 않으면 하나님께서 손해를 보신다고 생각합니까?

3-2. 사람들이 복음을 거부해도 하나님은 여전히 일하십니다. 누군가 복음을 거부하면 하나님은 그 복음의 혜택을 누구에게 주십니까?

◆ 10장 내용 요약

'저희'[1, 2, 14, 16, 18절]는 아직 구원을 받아야 할 이스라엘[1절], 아직 믿지 아니하는 자들[15절], 순종치 않는 자들[16절], 곧 불신 유대인들을 말합니다. '너희'[19절]는 아브라함으로 말미암아 택함 받은 출애굽 이스라엘 언약 공동체를 말합니다.

본문 읽기

✲ 로마서 10장 1~21절 (우리말성경)

1 형제들이여, 내 마음의 소원과 이스라엘을 위해 하나님께 기도하는 것은 그
들[저희(아직 구원 받아야 할 자들)]이 구원을 받는 것입니다. 2 내가 그들[저희]에 대해 증
거합니다. 그들은 하나님께 열심이 있으나 지식을 따른 것이 아닙니다. 3 그들
은 하나님의 의를 알지 못하고 자기 의를 세우려고 애쓰면서 하나님의 의에 복
종하지 않았습니다. 4 그리스도께서는 믿는 모든 사람들이 의에 이르게 하기 위
해 율법의 마침이 되셨습니다. 5 모세는 율법으로 인한 의에 대해 기록하기를
"율법을 행한 사람은 그것으로 살 것이다"라고 했습니다. 6 그러나 믿음으로 인
한 의는 이렇게 말합니다. "너는 속으로 '누가 하늘로 올라가겠느냐?' 하지 말
라." (이것은 그리스도를 모셔 내리려는 것입니다.) 7 혹은 "'누가 지옥에 내려가
겠느냐?' 하지도 말라." (이것은 그리스도를 죽은 자 가운데서 모셔 올리려는 것
입니다.) 8 그러면 그것은 무엇을 말합니까? "말씀이 네 가까이 있으니 네 입 속
에 있고 네 마음속에 있다"라고 했으니 이것은 우리가 전파하는 믿음의 말씀입
니다. 9 만일 당신의 입으로 예수를 주라고 고백하고 또 하나님께서 그분을 죽
은 사람 가운데서 살리신 것을 마음에 믿으면 구원을 받을 것입니다. 10 사람이
마음으로 믿어 의에 이르고 입으로 고백해 구원에 이릅니다. 11 성경은 "누구든
지 그를 믿는 사람은 수치를 당하지 않으리라"고 말합니다. 12 유대 사람이든 이
방 사람이든 차별이 없습니다. 동일하신 주께서는 모든 사람의 주가 되셔서 그
분을 부르는 모든 사람에게 부요하십니다. 13 "주의 이름을 부르는 사람은 누구
든지 구원을 받을 것이다."

14 그런데 그들[저희]이 믿지 않는 분을 어떻게 부르겠습니까? 듣지도 못한 분을
어떻게 믿겠습니까? 전하는 사람이 없이 어떻게 듣겠습니까? 15 또 보냄을 받
지 않았으면 어떻게 전하겠습니까? 기록되기를 "좋은 소식을 전하는 사람들의
발이 얼마나 아름다운가!"라고 한 것과 같습니다. 16 그러나 그들[저희] 모두가 다
복음에 순종한 것은 아닙니다. 이사야는 "주여, 우리의 전한 것을 누가 믿었습니
까?"라고 했습니다. 17 그러므로 믿음은 들음에서 나고 들음은 그리스도의 말
씀에서 납니다. 18 그렇다면 내가 묻겠습니다. 그들[저희]이 듣지 못했습니까? 물
론 그렇지 않습니다. "그들의 음성이 온 땅에 퍼졌고 그들의 말이 땅 끝까지 이
르렀다"라고 했습니다. 19 내가 다시 묻습니다. 이스라엘이 알지 못했습니까? 먼
저 모세가 말하기를 "내가 백성이 아닌 자로 너희[출애굽한 이스라엘 공동체]를 시기하
게 하고 내가 미련한 백성으로 너희를 분노하게 할 것이다"라고 했습니다. 20 또
이사야가 아주 담대하게 말하기를 "나를 찾지 않는 자들을 내가 만나 주고 내게
구하지 않는 자들에게 내가 나타났다"라고 했습니다. 21 그러나 이스라엘에 관
해서는 "내가 순종하지 않고 거역하는 백성에게 온종일 내 손을 내밀었다"라고
했습니다.

9:30–33에서 의를 추구하지 않았던 이방인들은 예수님을 믿음으로 의에 이르고, 의를 획득하기 위해 열심히 율법을 따른 이스라엘은 예수님을 배척함으로 의에 이르지 못했습니다.

이스라엘이 실패한 것은 믿음이 아닌 율법적 행위로 의를 추구한 결과였습니다.[10:1–21] 사도바울은 유대인들이 실패한 이유를 구약성경을 인용하여 성경적 근거를 가지고 그 사실을 증명하였습니다.

첫째[10:1–13] 예수님은 율법의 마침이 되고, 오직 믿음으로만 의롭게 된다는 성경적 증거를 제시하였습니다.

둘째[10:14–21] 이스라엘이 완고하여 복음을 받아들이지 못했다는 것을 증명했습니다. 완고하여 실패한 이스라엘을 '저희'라고 배타적 공동체로 구별하였습니다.

1) 바울은 모든 이스라엘이 다 구원받기를 기도하지만, 그들이 의에 이르지 못한 까닭은 하나님의 의를 잘 모르고 잘못된 율법적 지식을 따라 자신의 의를 드러내려고 한 결과임을 가르쳐 주었습니다. 그리스도는 모든 믿는 자들에게 의를 이루기 위해 율법의 마침이 되었습니다. 오늘날 그리스도인들도 자신의 의와 영광을 드러내려고 신앙을 하면 안 된다는 것을 일깨워 주고 있습니다. 자신의 의를 드러내는 자들은 남을 비판하고 정죄하는 자들입니다.

2) 이제 의에 이르고 구원받기 위해서는 하나님께서 예수 그리스도를 보내서 전해 주신 믿음의 말씀을 듣고, 들은 말씀을 마음으로 믿을 때 의에 이르고, 입으로 말씀을 시인하고, 예수님을 주님으로 고백하고 부를 때 구원받게 됨을 일깨워 주었습니다. 그냥 무조건 입술로 주님의 이름만 부른다고 구원 받는 것이 아니라, 예수님을 주님으로 믿고, 주님의 말씀을 기쁨으로 따르겠다는 진정한 신앙고백이 있어야 구원을 받습니다.

3) 성경은 이스라엘이 복음을 거부해서 이방인들에게 복음이 전해지게 될 것을 미리 예언했습니다. 일찍이 하나님께서 모세를 통하여 이스라엘이 타락하게 되면, 이방인들을 택하여 이스라엘로 하여금 시기가 나게 하시겠다고 말씀하셨습니다.[신32:21] 이사야도 패역한 이스

라엘 백성이 온 종일 불러도 듣지 않았기 때문에 하나님을 찾지 않던 이방인들에게 나타나게 될 것이라고 예언했고,[사65:1–2] 예언한 대로 이루어졌습니다.

관찰하기

1. 이스라엘이 구원을 받지 못한 이유는 무엇입니까?

2. 어떤 사람이 구원을 받습니까?

3. 이스라엘이 복음을 거부하므로, 하나님은 누구에게 복음의 혜택이 돌아가도록 하셨습니까?

적용하기

1. 불신자들이 구원을 받지 못하는 이유는 무엇입니까? 왜 이단들은 구원을 받지 못합니까?

2-1. 하나님을 알고 구원받으려면 어떤 과정을 거쳐야 합니까?[10:8-17]

2-2. 왜 신앙고백이 중요합니까?[8-17]

2-3. 나는 예수님을 온전히 주로 믿고 말씀으로 살겠다는 진성한 신앙고백이 있습니까?[8-17]

3. 내가 복음의 혜택을 거부하면, 그 혜택이 누구에게 돌아갑니까?

◆ 11장 내용 요약

'저희'[3, 8–15, 20, 23, 27, 28절]는 '선지자들을 죽인 자'3절, '혼미한 자들'8절, '넘어진 자들'11–12절, '믿지 않음으로 꺾인 자들'20, 23절 곧 복음을 받아들이지 않는 불신 이스라엘 백성을 말합니다.

'너희'[13, 20–22, 25, 28, 30, 31절]는 '접붙여진 자' 곧 이방인 그리스도인을 말합니다. 이스라엘의 패역에도 불구하고 하나님은 구원의 역사에서 이스라엘을 완전히 제외시키지 않았습니다. 그들이 불신을 버리고 믿음으로 돌아온다면 다시 하나님의 백성으로 회복시켜 주십니다. 하나님은 끝까지 포기하지 않으시고 우리를 사랑하십니다. 모든 사람들은 최후의 심판 전까지 모두 구원의 대상임을 잊지 말아야합니다.

본문 읽기

✻ 로마서 11장 1~36절 (우리말성경)

1 〈이스라엘의 남은 자들〉 그러면 내가 묻겠습니다. 하나님께서 자기 백성을
버리셨습니까? 결코 그럴 수 없습니다. 나 자신도 이스라엘 사람이요, 아브라함
의 씨에서 난 자요, 베냐민 지파에 속한 사람입니다. 2 하나님께서는 미리 아신
자기 백성을 버리지 않으셨습니다. 여러분은 성경이 엘리야에 관해 말한 것을
알지 못합니까? 그가 이스라엘을 고발해 하나님께 호소하기를 3 "주여, 그들[저
희–선지자들을 죽인 자]이 주의 예언자들을 죽이고 주의 제단들을 부수었습니다. 오
직 저만 남았는데 그들이 제 목숨도 찾고 있습니다"라고 했습니다. 4 그러나 하
나님께서 그에게 무엇이라고 대답하셨습니까? "내가 나 자신을 위해 바알에게
무릎을 꿇지 않은 7,000명을 남겨 두었다"라고 하셨습니다. 5 그러므로 이와 같
이 지금도 은혜로 선택을 받아 남은 사람이 있습니다.

6 그리고 만일 은혜로 된 것이면 행위로 인한 것이 아닙니다. 그렇지 않으면
은혜는 더 이상 은혜가 되지 못합니다. 7 그러면 무엇입니까? 이스라엘은 자기
들이 찾던 것을 얻지 못했습니다. 오직 택하심을 받은 사람이 얻었고 나머지 사
람들은 완악해졌습니다. 8 기록되기를 "하나님께서 오늘날까지 그들[저희-혼미한
자]에게 혼미한 심령과 보지 못하는 눈과 듣지 못하는 귀를 주셨다"라고 한 것과
같습니다. 9 또 다윗도 말하기를 "그들[저희]의 밥상이 그들에게 덫과 올가미와 거
치는 것과 보응이 되게 하시고 10 그들[저희]의 눈이 어두워져 볼 수 없게 하시고
그들의 등이 영원히 굽게 하소서"라고 했습니다.

11 〈접붙여진 가지〉 그러면 내가 묻겠습니다. 그들[저희-넘어진 자]이 완전히 쓰러
져 내버려야 할 정도로 넘어진 것입니까? 결코 그럴 수 없습니다. 도리어 그들의
넘어짐으로 구원이 이방 사람에게 이르러 이스라엘이 시기하게 하려는 것입니
다. 12 그들[저희]의 넘어짐이 세상의 부요함이 되고 그들의 실패가 이방 사람의 부
요함이 됐다면 그들의 충만함은 얼마나 더 큰 부요함을 가져오겠습니까? 13 이
제 내가 이방 사람인 여러분[너희-이방인그리스도인]에게 말합니다. 내가 이방 사람의
사도인 만큼 나는 내 직분을 영광스럽게 여깁니다. 14 이는 내가 어떻게든 내 동
족에게 시기심을 일으켜 그들 가운데 다만 얼마라도 구원을 받게 하려는 것입
니다. 15 하나님께서 그들을 버리신 것이 세상의 화목이 됐다면 하나님께서 그
들을 받아들이시는 것은 죽은 사람 가운데서 살아나는 것이 아니고 무엇이겠습
니까? 16 첫 열매로 바치는 반죽 덩어리가 거룩하면 반죽 전체 덩어리도 그러하
고 뿌리가 거룩하면 가지도 그러합니다. 17 그런데 가지들 가운데 몇 개가 부러
졌는데 돌올리브 나무인 그대가 그들 가운데 접붙임을 받아 참올리브 나무뿌리
의 자양분을 함께 나눠 받는 사람이 됐으니 18 그 가지들을 향해 자랑하지 마
십시오. 자랑한다 할지라도 그대가 뿌리를 지탱하는 것이 아니라 뿌리가 그대를
지탱한다는 사실을 명심하십시오. 19 그러면 그대는 "가지들이 부러진 것은 나
로 접붙임을 받게 하기 위한 것이었다"라고 말할 것입니다. 20 그렇습니다. 그들
[저희-넘어진 자]은 믿지 않으므로 부러졌고 당신[너희-이방인그리스도인]은 믿음으로 서
있습니다. 마음에 교만을 품지 말고 오히려 두려워하십시오. 21 하나님께서 원가
지들도 아끼지 않으셨으니 그대도 아끼지 않으실 것입니다.

22 그러므로 하나님의 인자하심과 준엄하심을 생각해 보십시오. 넘어진 사람
들에게는 준엄하심이 있으나 만일 그대[너희-이방인그리스도인]가 하나님의 인자하심
안에 머무르면 그분의 인자하심이 그대너희에게 있을 것입니다. 그렇지 않으면
그대[너희] 역시 잘려나갈 것입니다. 23 또한 그들[저희-넘어진 자]이 불신앙에 머물지
않는다면 다시 접붙임을 받을 것입니다. 하나님께서는 그들[저희]을 다시 접붙이실
수 있기 때문입니다. 24 그대[너희-이방인그리스도인]가 본래 돌 올리브나무[감람나무]에
서 잘려 나와 본성을 거슬러 참 올리브나무에 접붙임을 받았다면 하물며 원가
지들인 이 사람들이야 얼마나 더 쉽게 자기 올리브나무에 접붙임을 받을 수 있
겠습니까?

25 〈이스라엘의 회복〉 형제들이여, 나는 여러분[너희-이방인그리스도인]이 이 비밀
에 대해 알기를 바랍니다. 이것은 여러분이 스스로 지혜 있다고 생각하지 못하
게 하려는 것입니다. 이 비밀은 이방 사람의 충만한 수가 들어오기까지 이스라
엘 가운데 일부가 완악하게 됐다는 것입니다. 26 그리하여 온 이스라엘이 구원
을 받게 될 것입니다. 기록되기를 "구원자가 시온에서 나와 야곱에게서 경건치
않은 것을 제거하실 것이다. 27 이것은 그들과 맺은 내 언약이니 내가 그들의 죄
를 없애 버릴 때 이루어질 것이다"라고 한 것과 같습니다. 28 복음의 관점에서
보면 그들[유대인그리스도인]은 여러분으로 인해 원수가 된 사람들이지만, 선택의 관
점에서 보면 그들은 조상들로 인해 사랑을 받은 사람들입니다. 29 하나님의 은
사와 부르심은 번복될 수 없습니다. 30 한때는 여러분이 하나님께 순종하지 않
았으나 지금은 이스라엘[유대인]의 불순종으로 긍휼히 여김을 받았습니다. 31 이와
같이 이스라엘이 지금 순종하지 않는 것은 여러분[이방인그리스도인]에게 베푸신 긍
휼로 이제 그들도 긍휼히 여기심을 받게 하려는 것입니다. 32 하나님께서 모든
사람을 불순종 가운데 가두신 것은 모든 사람에게 긍휼을 베푸시기 위함입니
다. 33 "깊도다! 하나님의 부요와 지혜와 지식이여, 그분의 판단은 헤아릴 수 없
으며 그분의 길은 찾아낼 수 없도다." 34 "누가 주의 마음을 알았는가? 누가 주
의 조언자가 됐는가?" 35 "누가 주께 먼저 드려 주의 보상을 받겠는가?" 36 만
물이 그분에게서 나오고 그분으로 인해 있고 그분에게로 돌아갑니다. 그분에게
영광이 영원토록 있기를 빕니다. 아멘.

1) 하나님께서 이스라엘을 완전히 버리신 것은 아닙니다. 엘리야도 다 죽고 자신만 남았다고 생각했지만, 하나님은 바알에게 무릎 꿇지 않은 7000명을 예비하셨다고 말씀하셨습니다. 지금도 은혜를 따라 택하심을 입은 자들이 많이 남아 있다는 것을 일깨워 주셨습니다. 아직도 세상에는 의지할 곳이 없고, 죄로 인하여 아파하고 탄식하는 자들이 아주 많습니다.

2) 이스라엘이 복음을 얻지 못하고 우둔해진 것은 그들의 탐욕 때문이었습니다. 그 탐욕이 올무와 덫이 되었고, 눈을 흐려지게 만들었고, 마음을 혼미하게 만들었습니다. 누구나 탐욕을 품으면 그렇게 된다는 것을 보여 주셨습니다.

탐욕은 타락과 사망의 근원임을 잊지 말아야합니다. 그래서 그 정욕과 탐심을 십자가에 못 박아야만 주님을 따를 수 있고 구원을 받을 수 있습니다.

3) 이스라엘이 나무에 달린 자 곧 십자가에 달린 자는 저주 받았다는 신명기 21장 23절 말씀에 걸려 넘어짐으로 그들을 위해 주신 축복의 복음이 이방인에게로 넘어가게 된 것입니다. 그렇게 하신 이유는 이방인들을 통하여 이스라엘이 시기하게 하셔서, 그들 중에 얼마를 구원하시려는 하나님의 계획이었습니다. 그래서 사도바울이 하나님의 계획에 따라 이방인의 사도로 부르심을 받았고, 자신의 이방 선교사역을 자랑스러워했던 것입니다.

4) 하나님의 약속의 뿌리요, 원조인 이스라엘이 복음은 받아들이면 이방인 그리스도인들보다 더 풍성해지기 때문에 이방인 그리스도인들은 이스라엘을 향하여 교만해서는 안 된다고 권고했습니다.

이스라엘이 참 감람나무이고, 이방인 그리스도인들은 돌 감람나무인데, 참 감람나무 가지인 이스라엘이 꺾였기 때문에 돌 감람나무인 이방인 그리스도인들이 참 감람나무에 대신 접붙여진 것입니다.

돌 감람나무 가지보다는 본래 참 감람나무 가지였던 이스라엘이 참 감람나무에 접붙여지는 일이 훨씬 수월하고 더 좋은 열매를 맺기 때문에 돌 감람나무인 이방인 그리스도인들은 교만해지면 안 됩니다.

그리스도인들도 자신의 우월감에 사로잡혀 자만하거나 교만해서 남을 판단하면 안 됩니다. 믿음의 선배들을 소중하게 여기고 존중해야 합니다.

5) 하나님께서 복음의 방향을 이방인에게 돌린 것은 하나님의 큰 목적과 의도가 있었습니다. 하나님의 은사와 부르심에는 결코 후회하심이 없고[롬11:29], 하나님께서 하시는 일에는 절대 실수가 있을 수 없습니다.

결국 이스라엘이 불순종함으로 이방인들이 긍휼을 입었다는 사실을 잊지 말아야 합니다. 이방인들이 의로워서 복음의 혜택을 받은 것은 아닙니다. 하나님은 이스라엘이 불순종하고 완악해도 여전히 긍휼을 나타내시는 분이십니다.

6) 깊고 깊은 하나님의 지혜는 사람의 지혜로 헤아릴 수 없습니다. 결론적으로 모든 것은 하나님께로부터 나와서 하나님으로 말미암다가 결국 하나님께도 돌아갈 뿐입니다.[롬11:36]

관찰하기

1. 하나님은 이스라엘을 버리셨습니까?

2. 이방인 그리스도인들이 유대인 그리스도인 앞에서 겸손해야 하는 이유가 무엇입니까?

3. 하나님께서 하시는 일에 실수가 있을 수 있습니까?

적용하기

1. 하나님은 사람을 구원하시는 일을 포기하십니까?

2-1. 우리는 믿음의 선배님들에게 왜 겸손해야 합니까?

2-2. 우리나라 기독교 선교역사에 대하여 알고 있습니까? 우리나라에 어떻게 복음이 들어오게 되었습니까?

3. 나의 삶 전반에 하나님께서 함께 하시고, 경영하심을 믿습니까?

◆ 1장~11장의 결론

바울은 1장에서 11장까지 유대인이든지 이방인이든지 구별하지 않고, 복음은 모든 믿는 자들을 위한 복음임을 증명했습니다.

바울은 로마교회 안의 유대인 그리스도인들과 이방인 그리스도인들 사이에 분열과 대립을 치유하여 건강하고 바르게 하나 된 교회를 세운 후에 그들의 지원과 협력을 받아 편안한 마음으로 땅 끝까지 복음을 전하고자 하였습니다.

1장부터 11장까지의 결론을 살펴보면 하나님의 사랑은 불공평한 것이 아니라는 것입니다. 공의로우신 하나님의 사랑은 "만물이 주께로부터 나와서 주로 말미암다가 결국 주께로 돌아간다."[11:36]라고 말씀하시듯이 하나님의 정하신 뜻을 따라 공의롭게 이루어지는 것입니다.

5
사도바울의 권고와 가르침

바울은 유대인 그리스도인들과 이방인 그리스도인들의 분쟁이나 논쟁거리를 해소하고, 12장부터는 구체적인 신앙생활에 대한 권면과 가르침을 다루었습니다.

바울은 앞에서 유대인 그리스도인들의 민족적 우월감과 이방인 그리스도인들의 자만심으로 비롯된 두 그룹간의 갈등을 해소하기 위해 성경의 증거를 통하여 이방인 그리스도인이나 유대인 그리스도인 모두 하나님 앞에 스스로 의롭게 될 수 없고, 하나님의 영광에 이를 수 없는 죄인이요, 진노의 대상임을 강조했습니다.

그리고 누구나 예외 없이 복음 곧 예수그리스도로 말미암아 속죄함을 받고 '믿음'으로만 의롭게 되기 때문에 두 그룹 모두 하나님 앞에 자랑할 것이 전혀 없다는 것을 확증하였습니다.

사도바울은 유대인 그리스도인들에게 이방인 그리스도인들을 변호하고[2–8장], 이방인 그리스도인들에게 유대인 그리스도인들을 변호하여 서로 사랑으로 하나가 되게 하였습니다.[9–11장]

12장부터 15장까지는 여전히 갈등을 겪고 있는 두 그룹에게 어떻게 신앙생활을 해야 하는지 구체적인 권면과 가르침을 주었습니다. 그래서 12장부터는 '저희'라는 배타적 불신자 용어는 사라지고 '너희' 또는 '우리'라는 공동체적 용어를 사용하여 그리스도의 사랑으로 하나 된 공동체의 삶을 다루었습니다.

본문 읽기

✲ 로마서 12장 1~21절 (우리말성경)

1 〈산 제물〉 그러므로 형제들이여, 내가 하나님의 자비하심으로 여러분에게
권합니다. 여러분의 몸을 하나님께서 기뻐하시는 거룩한 산 제물로 드리십시오.
이것이 여러분이 드릴 영적 예배입니다. 2 여러분은 이 세대를 본받지 말고 오
직 마음을 새롭게 함으로 변화를 받아 하나님의 선하시고 기뻐하시고 온전하
신 뜻이 무엇인지 분별하도록 하십시오. 3 나는 내게 주신 은혜를 힘입어 여러
분 각 사람에게 말합니다. 여러분은 마땅히 생각할 그 이상의 생각을 품지 말고
오직 하나님께서 각 사람에게 나눠 주신 믿음의 분량대로 분수에 맞게 생각하
십시오. 4 우리가 한 몸에 많은 지체를 가졌으나 모든 지체가 같은 기능을 하는
것이 아닙니다. 5 이와 같이 우리 많은 사람들도 그리스도 안에서 한 몸을 이루
었고 각 사람은 서로 지체가 됐습니다. 6 우리는 우리에게 주신 은혜를 따라 서
로 다른 은사를 갖고 있습니다. 만일 예언이면 믿음의 분량대로, 7 섬기는 일이
면 섬기는 일로, 가르치는 사람이면 가르치는 일로, 8 권면하는 사람은 권면하
는 일로, 구제하는 사람은 순수한 마음으로, 지도하는 사람은 부지런함으로, 긍
휼을 베푸는 사람은 기쁜 마음으로 해야 합니다.

9 〈그리스도인의 삶〉 사랑에는 거짓이 없어야 합니다. 악한 것을 미워하고 선
한 것을 붙드십시오. 10 형제의 사랑으로 서로 사랑하고 서로 먼저 존경하며 11
열심을 내 일하고 성령으로 뜨거워진 마음으로 주를 섬기십시오. 12 소망 가운
데 기뻐하고 환난 가운데 참으며 기도를 항상 힘쓰십시오. 13 성도들의 쓸 것을
공급하고 나그네를 대접하는 일을 힘쓰십시오. 14 여러분을 핍박하는 사람들을
축복하십시오. 축복하고 저주하지 마십시오. 15 기뻐하는 사람들과 함께 기뻐
하고 우는 사람들과 함께 우십시오. 16 서로 마음을 같이하고 교만한 마음을 품
지 말며 오히려 비천한 사람들과 사귀고 스스로 지혜 있는 체 마십시오. 17 아
무도 악을 악으로 갚지 말고 모든 사람 앞에서 선한 일을 힘써 행하십시오. 18
여러분이 할 수만 있으면 모든 사람들과 평화롭게 지내십시오. 19 사랑하는 형
제들이여, 여러분이 스스로 원수를 갚지 말고 하나님의 진노하심에 맡기십시오.
기록되기를 "원수를 갚는 것이 내게 있으니 내가 갚아 주겠다"고 주께서 말씀하
십니다. 20 "네 원수가 굶주려 있으면 먹이고 목말라 하면 마실 것을 주어라. 이
로써 네가 그의 머리 위에 숯불을 쌓을 것이다." 21 악에 지지 말고 선으로 악을
이기십시오.

◆ 12장 내용 요약

1) 12장에서 15장까지 결론적인 당부입니다.

그리스도인들은 삶 자체가 예배가 되어야 하며, 세상을 본받지 말고, 마음을 새롭게 함으로 변화 받고, 범사에 하나님의 뜻이 무엇인지 분별하며 살아야 합니다.

그리고 모두 그리스도 안에서 한 몸이지만 서로 살아온 문화적 환경과 성향이 다르고, 믿음의 분량도 다름을 인정하고, 각자 어떤 은사를 받았든지 받은 은사를 따라 각자의 위치에서 성실하게 사명과

본분을 다하며 살아야 한다는 것을 일깨워 주었습니다.

2) 그리스도인들은 항상 선에 속해야 하고, 형제 사이에 서로 우애하고, 서로 먼저 존경하고, 부지런하여 열심을 품고 주님을 섬겨야 하고, 소망 중에 즐거워하며, 환난 중에 참으며, 기도에 힘쓰고, 성도의 쓸 것을 공급해야 하며, 손님 대접하기를 힘써야 합니다.[9-13절]

3) 박해를 받으면 오히려 박해자를 축복하고, 즐거움도 슬픔도 함께 나누고, 서로 낮아져야 하고, 선한 일을 도모하고, 화목하고, 원수를 저주하지 말고 축복해야 합니다.

악에게 지지 말고 선으로 악을 싸워 이겨야 합니다. 원수 갚는 일은 우리가 할 일이 아닙니다. 하나님 몫입니다.

성도로 산다는 것이 어려워 보이지만, 그렇게 살아야 행복하고 평안하기 때문에 그렇게 권고한 것입니다. 가르침의 반대로 살면 엄청난 고통과 불행과 심판이 따르게 됩니다.

관찰하기

1. 하나님께서 기뻐하시는 참된 영적 예배는 무엇입니까?

2. 왜 거룩함과 변화와 분별력이 필요합니까?

3. 사람은 서로 틀린 것이 아니라 다른 존재입니다. 서로 다름을 알고 각자의 위치에서 어떤 자세로 살아야 합니까?

4. 그리스도인은 가족과 공동체 속에서 어떤 삶의 자세와 성품으로 살아야 합니까?

5. 그리스도인들은 박해나 갈등이 있을 때 어떤 자세로 살아야 합니까?

적용하기

1. 나는 하나님께서 기뻐하시는 참된 영적 예배의 삶을 살고 있습니까?

2. 사람은 모두 믿음의 분량이 다르기 때문에 서로 판단하면 안 됩니다. 나는 그런 분별력이 있습니까?

3-1. 남을 판단(심판, 정죄)하거나 판단 받아 본 경험이 있습니까?

3-2. 남을 판단하거나 정죄하면 안 되는 이유는 무엇입니까?

3-3. 어떤 성품과 자세로 일하고, 사역을 하고 있습니까?

4. 그리스도인의 성품과 삶의 자세로 살아가고 있습니까?

5-1. 핍박이나 비난을 받으면 어떻게 대응하고 있습니까?

5-2. 불의하고 악한 사람을 만나면 어떻게 대하고 있습니까?

◆ 13장 내용 요약

본문 읽기

✲ 로마서 13장 1~14절 (우리말성경)

1 〈권위자들에게 복종해야 함〉 각 사람은 위에 있는 권세들에 복종하십시오. 무
슨 권세든 하나님께로부터 오지 않은 것이 없고 이미 있는 권세는 다 하나님께서
세우신 것입니다. 2 따라서 권세에 대항하는 사람은 하나님의 명을 거역하는 것이니
거역하는 사람들은 심판을 자초할 것입니다. 3 통치자에 대해서는, 선한 일 때문에
두려워할 것이 없고 악한 일 때문에 두려움의 대상이 됩니다. 권세자를 두려워하지
않기를 원합니까? 선을 행하십시오. 그러면 그에게 칭찬을 받을 것입니다. 4 그는
여러분에게 선을 이루기 위해 일하는 하나님의 일꾼입니다. 그러나 여러분이 악을
행한다면 두려워하십시오. 그는 공연히 칼을 가진 것이 아닙니다. 그는 하나님의 일
꾼으로서 악을 행하는 사람에게 하나님의 진노를 집행하는 사람입니다. 5 그러므로
복종해야 할 필요가 있으니 진노 때문만이 아니라 양심을 위해서도 복종해야 할 것
입니다. 6 여러분이 조세를 바치는 것도 바로 이 때문입니다. 그들은 하나님의 일꾼
들로서 바로 이 일에 항상 힘쓰고 있습니다. 7 여러분은 모든 사람에게 의무를 다하
십시오. 조세를 바쳐야 할 사람에게 조세를 바치고 관세를 바쳐야 할 사람에게 관
세를 바치고 두려워해야 할 사람을 두려워하고 존경해야 할 사람을 존경하십시오.

8 〈이웃 사랑〉 서로 사랑하는 것 외에는 누구에게든지 아무 빚도 지지 마십시오.
남을 사랑하는 사람은 율법을 다 이루었습니다. 9 "간음하지 말라, 살인하지 말라,
도둑질하지 말라, 탐내지 말라"고 하는 계명과 그 밖에 다른 계명이 있을지라도 이
모든 계명들은 "네 이웃을 네 자신과 같이 사랑하라"고 하는 이 말씀 가운데 다 요
약돼 있습니다. 10 사랑은 이웃에게 악을 행하지 않습니다. 그러므로 사랑은 율법의
완성입니다. 11 여러분이 이 시기를 알고 있는 것처럼 벌써 잠에서 깨어야 할 때가
됐습니다. 이제 우리의 구원이 처음 믿을 때보다 가까이 왔기 때문입니다. 12 밤이
깊고 낮이 가까이 왔습니다. 그러므로 어두움의 일들을 벗어 버리고 빛의 갑옷을 입
읍시다. 13 낮에 행동하듯이 단정하게 행동합시다. 방탕하거나 술 취하지 말고 음란
과 호색하지 말며 다투거나 시기하지 말고 14 오직 주 예수 그리스도로 옷 입고 정
욕을 채우려고 육신의 일을 애쓰지 마십시오.

1) 1–7절은 당시 로마에서 사는 그리스도인들에게 국가 권력을 어떤 마음으로 받아들이며 살아야 하는지를 가르쳐주고 있습니다. 1세기 당시에 그리스도인들이 세상 권력을 어떻게 생각하고, 받아들여야 하는지에 대한 문제는 아주 중요한 일이었습니다.

2) 사도바울은 세상 권력을 존중하고, 권세를 거스르지 말라고 가르쳤습니다. 모든 권세는 하나님께로부터 나오기 때문입니다. 바울은 제국의 수도인 로마에서 세상 권력자들과 갈등관계를 만들면 교회가 애매하게 핍박받고 위기를 겪게 되고, 복음전파에 장애가 될 것을 우려했습니다. 세상이 평안해야 삶이 평안하고 복음을 더 많이 쉽게 전할 수 있습니다. 그리스도인들이 죄를 짓고 고난을 당하는 것은 하나님의 뜻이 아닙니다.

그래서 이방인의 사도로서, 선교적 관점에서 제국의 권력기구나 대리자들에게 복종할 것을 조심스럽게 권고한 것입니다. 그러나 이 권고가 교회와 세상 권력 사이의 일반적 규범을 제시한 것은 아닙니다.

3) 세상 권력도 하나님께로부터 주어진 것입니다. 그러므로 세상 권력을 거스르지 말고 인정하되, 세상에서 우리에게 주어진 사명과 역할을 잘 감당해야 합니다. 그리고 그리스도인들은 피차 사랑의 빚 외에는 빚지지 말아야 합니다. 이웃을 사랑하는 자는 악을 행하지 않습니다. 사랑은 율법의 완성이기 때문입니다. 세상권력은 악을 행하는 자들을 위해 하나님께서 세웠다고 했지만, 세상 권력도 부패하기 때문에 죄로 인하여 갈등을 만들지 말라는 의미로 가르친 것입니다.

4) 점점 때가 가까워짐을 깨닫고, 어둠의 일은 벗어 버리고 빛의 갑옷을 입되, 오직 그리스도의 인격과 성품의 옷, 곧 하나님의 말씀으로 옷 입고 정욕을 위하여 육신의 일을 도모하지 말아야 합니다.

관찰하기

1. 그리스도인들은 세상 권력에 대하여 어떤 자세가 필요합니까? 이유는 무엇입니까?

2. 그리스도인들은 왜 사명을 다하며, 사랑하며 살아야 합니까?

3. 그리스도인들이 육신의 일을 도모하면 안 되는 이유는 무엇입니까?

적용하기

1. 대통령이나 통치자에 대하여 어떤 생각을 가지고 있습니까? 통치자들을 위해 기도하고 있습니까?

2-1. 나는 그리스도인으로서 이 세상에서 어떤 사명감을 가지고 살아가고 있습니까?

2-2. 나는 하나님과 예수님, 의인들에게 어떤 빚이 있습니까?

2-3. 나는 사랑의 빚을 어떻게 갚아야 합니까?

3-1. 주님께서 다시 오심을 확실히 믿습니까?

3-2. 주님 올실 날이 점점 더 가까워지고 있습니다. 나는 어떤 일에 가장 많은 에너지를 쏟고 있습니까?

◆ 14장 내용 요약

본문 읽기

✲ 로마서 14장 1~23절 (우리말성경)

1 〈약한 사람, 강한 사람〉 여러분[이방인그리스도인]은 믿음이 약한 사람을 받아들이되 그의 견해를 논쟁거리로 삼지 마십시오. 2 어떤 사람[이방인그리스도인]은 모든 음식을 먹을 만한 믿음이 있으나 믿음이 연약한 사람[유대인그리스도인]은 채소만 먹습니다. 3 먹는 사람[이방인그리스도인]은 먹지 못하는 사람[유대인그리스도인]을 업신여기지 말고 먹지 못하는 사람은 먹는 사람을 판단하지 마십시오. 이는 하나님께서 그 사람을 받으셨기 때문입니다. 4 여러분이 누구기에 남의 종을 판단합니까? 그의 서고 넘어지는 것이 자기 주인에게 달려 있습니다. 주께서 그를 세우실 수 있으니 그가 세움을 받을 것입니다. 5 어떤 사람은 이 날을 저 날보다 중요하게 생각하고 어떤 사람은 모든 날이 똑같다고 생각합니다. 각자 자기 마음에 확신을 가지십시오. 6 어떤 날을 중요하게 생각하는 사람은 주를 위해 중요하게 생각하고 먹는 사람도 주를 위해 먹으니 이는 그가 하나님께 감사하기 때문입니다. 먹지 않는 사람도 주를 위해 먹지 않고 하나님께 감사드립니다. 7 우리 중에 아무도 자기만을 위해 사는 사람이 없고 자기만을 위해 죽는 사람도 없습니다. 8 우리[그리스도인 모두]는 살아도 주를 위해 살고 죽어도 주를 위해 죽습니다. 그러므로 죽든지 살든지 우리는 주의 것입니다. 9 이를 위해 그리스도께서 죽었다가 다시 살아나셨으니 이는 죽은 사람과 산 사람의 주가 되시기 위함이었습니다. 10 그런데 그대는 왜 그대의 형제를 판단합니까? 왜 그대의 형제를 업신여깁니까? 우리가 모두 하나님의 심판대 앞에 설 텐데 말입니다. 11 기록되기를 "주께서 말씀하시기를 '내가 살아 있으니 모든 무릎이 내 앞에 꿇을 것이요, 모든 혀가 하나님께 찬양할 것이다"라고 했습니다. 12 이와 같이 우리가 각각 자기의 일을 하나님께 사실대로 말씀드릴 것입니다. 13 그러므로 우리가 이제부터는 서로 남을 판단하지 맙시다. 형제 앞에 걸림돌이나 장애물을 두지 않기로 결심하십시오. 14 내가 주 예수 안에서 알고 확신하는 것은 이것입니다. 무엇이든지 그 자체로 부정한 것은 없고 다만 부정하다고 여기는 그 사람에게만 부정한 것입니다.

15 만일 음식 문제로 여러분의 형제가 근심하게 되면 그대는 더 이상 사랑을
따라 행하지 않는 것입니다. 그리스도께서 위해 죽으신 그 형제를 음식 문제로
망하게 하지 마십시오. 16 그러므로 여러분이방인그리스도인, 강한 자의 선한 것이 비
방을 받지 않도록 하십시오. 17 하나님의 나라는 먹고 마시는 것이 아니라 성령
안에서 의와 평강과 기쁨입니다. 18 그리스도를 이렇게 섬기는 사람은 하나님을
기쁘시게 하고 사람에게도 인정을 받습니다. 19 그러므로 화평을 이루고 서로
세워 주는 일에 힘씁시다. 20 음식 문제로 인해 하나님의 일을 망치지 않도록
하십시오. 모든 것이 다 깨끗하나 다른 사람을 넘어지게 하면서 먹는 그 사람에
게는 불결합니다. 21 고기도 먹지 않고 포도주도 마시지 않고 형제를 넘어지게
하는 어떤 일도 하지 않는 것이 좋습니다. 22 그대가 가지고 있는 믿음을 하나
님 앞에서 스스로 견고히 지키십시오. 자신이 옳다고 생각하는 일을 하면서 스
스로 자신을 정죄하지 않는 사람은 복이 있습니다. 23 그러나 의심하며 먹는 사
람은 이미 정죄를 받았습니다. 이는 믿음에서 나온 것이 아니기 때문입니다. 믿
음으로 하지 않는 것은 다 죄입니다.

---

1) 율법의 전통과 문화, 특히 음식과 절기 문제는 이방인 그리스도인과 유대인 그리스도인들 사이의 가장 큰 분쟁요소였습니다. 사도바울도 이 문제 때문에 로마 교회에 미리 로마서를 써서 보낸 것입니다.

이방인 그리스도인들은 '모든 음식은 다 정결하다'고 생각해서 시장에서 파는 고기를 마음 놓고 감사함으로 먹었지만, 유대인 그리스도인들은 시장에서 파는 고기는 우상에게 제사를 드리고 나왔거나, 정결법대로 잡은 고기가 아니라서 부정하기 때문에 먹지 않았습니다.

유대인 그리스도인들의 폐쇄적이고 율법적인 태도는 이방인 그리스도인들에게 어리석고 미련하게 보였고, 이방인 그리스도인들의 자

유로운 음식문화는 유대인 그리스도인들에게 부정하게 보였습니다.

이러한 견해와 문화의 차이가 교회의 불화를 만들어 냈고, 심지어 상대방을 서로 경멸하고, 정죄하면서까지 자신들의 입장을 정당화시키고 있었습니다.

그래서 사도바울은 강한 '우리'가 연약한 자를 받아들이고 비판하지 말아야 한다고 권고하였습니다. 그 당시 음식과 절기로부터 자유로운 이방인 그리스도인들이 강한 자였습니다. 그들을 '우리'[7, 8, 10, 12, 13절], '너', '너희'[1, 10, 16절]로 지칭하고 강한 우리가 약한 자를 품어야 한다고 가르쳤습니다.

2) 부정하게 여기는 음식을 먹는 자들도 주를 위해 먹었고, 먹지 않는 자들도 주를 위해 먹지 않았습니다. 절기와 기념일을 지키는 것도 마찬가지였습니다. 그러므로 서로 판단하지 말고 서로 다름을 인정하고 사랑으로 받아 주라고 가르쳤습니다.

세상 피조물 중에 속된 것은 없습니다. 무엇이든지 속되다고 생각하는 자들에게만 속될 뿐입니다. 그러므로 이것을 판단하고 정죄하기보다는 자신의 행위가 형제들에게 걸림돌이 되지는 않는지 돌아보고, 걸림돌이 된다면 먹지 않는 것이 아름답다고 가르쳤습니다.

먹는 문제나 행위가 형제에게 걸림돌이 된다는 말은 형제를 망하게 한다는 말입니다. 그러므로 걸림돌이 되는 일은 하지 말아야 합니다. 각자 선하다고 생각하는 것이 비방 받지 않도록 해야 합니다. 그리스도인들을 이기적인 자세가 아니라 이타적인 자세를 가지고 남의 유익을 위해 살아야 합니다. 남의 유익을 구하면 나에게도 유익하고 하나님께도 영광이 되기 때문입니다.

3) 걸림돌이 된다는 말은 사랑으로 행하지 않는다는 말입니다. 예수님의 피 값으로 구원하신 형제를 음식으로 망하게 해서는 안 됩니다. 하나님의 나라는 먹고 마시는데 있는 것이 아니라 의와 평강과 기쁨과 즐거움에 있습니다. 주님의 마음 곧 사랑으로 섬기는 자들은 하나님과 사람들에게 칭찬을 받습니다.

4) 그래서 그리스도인들은 관계 속에서 화평의 일과 덕을 세우는 일에 힘써야 하고, 형제에게 거리낌이 되는 일이라면 부정하게 여기는 음식도, 술도 담배도 먹지 말아야 합니다. 먹는 일로 하나님께서 하시는 일을 무너지게 하면 안 되기 때문입니다.

5) 각자 확신을 가지고 살되, 자신이 옳다고 생각하는 일을 남에게 걸림이 되면 옳은 것이 아닙니다. 그 사실을 깨닫고 님에세 설림이 되지 않는 자가 복이 있습니다.

의심하면서 먹는 자, 확신이 없이 먹는 자는 이미 정죄를 당한 것입니다. 믿음으로 행하지 않는 모든 것이 죄입니다. 나의 옳음이 남에게 걸림돌이 되면 그것이 죄가 된다는 사실을 깨닫고, 나의 옳음이 아니라 나의 행위가 남에게 덕이 되는지가 판단근거와 행동근거가 되어야 합니다.

관찰하기

1. 유대인 그리스도인과 이방인 그리스도인 사이에 가장 큰 갈등 요소가 되었던 문화적 요소는 무엇입니까?

2. 음식이나 절기 등 문화적 요소로 갈등이 생길 때 어떻게 해야 한다고 가르쳤습니까?

3-1. 먹는 것이 형제들에게 갈등요소가 되고, 걸림돌이 된다면 어떻게 하라고 가르쳤습니까?

3-2. 잘못인 줄 알고, 덕이 안 되는 줄 알면서도 하는 행위를 하나님은 어떻게 보십니까?

3-3. 나의 옳음이 남에게 걸림이 된다면 그것이 옳은 일입니까?

적용하기

1. 신앙생활 하면서 사회적 문화적 갈등요소가 있었다면 어떤 것이 있습니까?

2-1. 신앙생활 속에서 갈등요소가 생기면 어떻게 극복하고 있습니까?

2-2. 갈등요소가 있으면 기도하고 있습니까?

3-1. 내 주변에 음주나 흡연, 게임, 도박, 포르노 등의 중독자들을 어떻게 대하고 있습니까? 그리스도 안에서는 어떻게 해야 합니까?

3-2. 하나님과 사람들에게 덕스럽지 못한 그리스도인들의 행위는 어떤 것들이 있습니까?

3-3. 잘못된 습관이나, 덕스럽지 못한 행위가 형제자매들에게 걸림돌이 된다면 어떻게 하겠습니까?

◆ 15장 내용 요약

본문 읽기

✻ 로마서 15장 1~6절 (우리말성경)

1 우리 강한 사람[이방인그리스도인]들은 마땅히 연약한 사람들의 약점을 감싸 주
고 자기가 기뻐하는 대로 하지 않도록 해야 합니다. 2 우리[이방인그리스도인] 각 사
람은 이웃을 기쁘게 해 선을 이루고 덕을 세워야 합니다. 3 그리스도께서도 자
기를 기쁘게 하지 않으셨습니다. 기록되기를 "주를 욕하는 사람들의 그 욕이 내
게 미쳤다"라고 한 것과 같습니다. 4 무엇이든지 이전에 기록된 것은 우리에게
교훈을 주기 위해 기록됐습니다. 이는 우리로 하여금 성경이 주는 인내와 위로
로 인해 소망을 품게 하려는 것입니다. 5 이제 인내와 위로의 하나님께서 여러분
[일치된 로마교회]으로 하여금 그리스도 예수를 본받아 서로 같은 뜻을 품게 하시고
6 한 마음과 한 입으로 하나님, 곧 우리 주 예수 그리스도의 아버지께 영광을
돌릴 수 있게 해 주시기를 빕니다.

1) 바울은 15:1-6절에서 14장과 연결하여 믿음이 강한 자들이 연약한 자들의 연약함을 담당하고, 예수님처럼 자기를 기쁘게 하지 말고, 이웃을 기쁘게 하되 선을 이루고 덕을 세우라고 가르쳤습니다.

가르침의 목적은 성경의 위로와 소망을 가지게 하고, 예수님을 본받아서 서로 같은 뜻을 가지고, 한 마음, 한 입으로 하나님께 영광을 돌리게 하는데 있습니다.

2) 결론적으로 15:7–13절에서 다시 민족적으로 유대인 그리스도인들과 이방인 그리스도인들로 표현하여 보다 직접적인 차원에서 서로 사랑으로 받으라고 권면했습니다.

하나님은 조상의 약속대로 할례자의 하나님도 되시고, 긍휼하심을 따라 이방인의 하나님도 되십니다. 그래서 하나님은 어느 한 민족의 하나님이 아니라, 모든 열방[나라]의 소망이 되셨고, 그 소망의 하나님께서 모든 기쁨과 평강을 믿음 안에서 모든 사람들에게 충만하게 하심으로 성령의 능력으로 소망이 넘치게 하셨습니다.

본문 읽기

✲ 로마서 15장 7~13절 (우리말성경)

7 그러므로 그리스도께서 하나님의 영광을 위해 우리[이방인그리스도인]를 받아
주신 것처럼 여러분도 서로 받으십시오. 8 내가 말하는 것은 이것입니다. 그리
스도께서는 하나님의 진실하심을 위해 할례 받은 사람의 종이 되셨습니다. 이
는 조상에게 주신 약속들을 확증하시고 9 이방 사람들도 그 긍휼하심을 받
아 하나님께 영광 돌리게 하시려는 것입니다. 기록되기를 "그러므로 내가 이방
사람들 가운데서 주께 찬양을 드리며 주의 이름을 찬송합니다" 삼하 22:50;시
18:49 라고 한 것과 같습니다. 10 또 말하기를 "이방 사람들아, 주의 백성과 함
께 기뻐하라"고 했고 11 또 말하기를 "모든 이방 사람들아, 주를 찬양하며 모든
백성들아, 그를 찬송하라"고 했으며 12 또 이사야가 말하기를 "이새의 뿌리, 곧
이방 사람들을 다스리기 위해 일어나시는 이가 있으리니 이방 사람들이 그 안
에 소망을 둘 것이다"라고 했습니다. 13 이제 소망의 하나님께서 여러분[일치된 로마교회]의 믿음 생활 가운데 모든 기쁨과 평강을 충만하게 하셔서 성령의 능력으
로 소망이 흘러넘치게 하시기를 빕니다.

15장도 14장과 연결하여 '우리 강한 자'는 이방인 그리스도인[1, 2, 4, 7절] 입니다. 그리고 '너희'[5, 13–15, 22–24, 29–33절]는 이방인 그리스도인이나 유대인 그리스도인 모두를 포함한 일치된 로마교회, 연합된 열방 교회를 말하고 있습니다.

본문 읽기

✲ 로마서 15장 14~33절 (우리말성경)

14 〈바울이 이방 사람을 위해 사역함〉 내 형제들이여, 나는 여러분 자신이 선
으로 가득하고 모든 지식이 충만하므로 서로 권면할 수 있으리라고 확신합니
다. 15 그러나 하나님께서 내게 주신 은혜를 인해 여러분[일치된 로마교회]에게 몇
가지를 담대하게 쓴 것은 여러분에게 다시 생각나게 하기 위함입니다. 16 이 은
혜는 나로 이방 사람들을 위한 그리스도 예수의 일꾼이 되게 해서 하나님의 복
음을 전하는 제사장 직무를 수행하게 하시려는 것입니다. 이로써 이방 사람을
제물로 드리는 일이 성령 안에서 거룩하게 돼서 받으실 만한 것이 되게 하시려
는 것입니다. 17 그러므로 내가 그리스도 예수 안에서 하나님의 일에 대해 자랑
할 것이 있습니다. 18 하지만 그리스도께서 이방 사람들을 순종하게 하시려고
나를 통해 이루신 일 외에는 감히 아무것도 말하지 않겠습니다. 그것은 말과 행
동으로 19 표적과 기사의 능력으로 [하나님의] 성령의 능력으로 이뤄졌습니다.
그래서 나는 예루살렘에서 일루리곤까지 두루 다니며 그리스도의 복음을 널리
전파했습니다. 20 또한 나는 그리스도의 이름을 부르지 않는 곳에 복음 전하기
를 열망했습니다. 이는 남의 터 위에 집을 짓지 않으려는 뜻에서였습니다. 21 기
록되기를 "주의 소식을 받지 못한 사람들이 볼 것이요, 듣지 못한 사람들이 깨
닫게 될 것이다"라고 한 것과 같습니다. 22 그래서 나는 여러분[일치된 로마교회]에
게 여러 차례 가려고 했으나 길이 막혔습니다.

23 〈로마 방문 계획〉 그러나 이제는 내가 이 지역에서 더 이상 일할 곳이 없
고 또 여러 해 동안 여러분을 만나보고 싶은 소원이 있었으므로

24 내가 스페인에 갈 때 여러분[일치된 로마교회]을 방문하려고 합니다. 이것은 내
가 지나는 길에 여러분에게 들러 얼마간 여러분과 기쁨을 나눈 후에 여러분의
후원으로 그곳에 가기를 원하기 때문입니다. 25 그러나 지금은 성도를 섬기는
일로 예루살렘으로 가는 길입니다. 26 이는 마케도니아와 아가야 사람들이 예
루살렘의 가난한 성도들을 위해 기꺼이 얼마를 기부했기 때문입니다. 27 그들
이 기쁨으로 그렇게 했지만 사실 그들은 예루살렘 성도들에게 빚진 사람들입니
다. 만일 이방 사람들이 그들의 신령한 것들을 나눠 가졌으면 육신적인 것들로
그들을 섬기는 것이 마땅합니다. 28 그러므로 내가 이 일을 마치고 그들에게 이
열매를 확실히 전달한 후에 여러분에게 들렀다가 스페인[서바나]으로 가려고 합니
다. 29 내가 여러분에게 갈 때 그리스도의 충만한 복을 가지고 갈 줄을 압니다.
30 형제들이여, 내가 우리 주 예수 그리스도를 힘입고 성령의 사랑을 힘입어 여
러분에게 부탁합니다. 나를 위해 여러분도 나와 함께 하나님께 열심히 기도해
주십시오. 31 내가 유대에 있는 순종치 않는 사람들에게서 구원을 받으며 또
예루살렘에 대한 내 봉사가 성도들에게 받을 만한 것이 되며 32 내가 하나님의
뜻에 따라 기쁨으로 여러분에게 가서 함께 휴식을 취할 수 있도록 기도해 주십
시오. 33 평강의 하나님께서 여러분 모두와 함께하시기를 빕니다. 아멘.

---

3) 그래서 사도바울은 열방에 복음을 전하기 위해 이방인의 사도로 부르심 받았고, 그 사역은 자신의 의지나 힘이 아닌 표적과 능력으로, 성령의 능력으로 이루어졌습니다. 그래서 사도바울이 예루살렘으로부터 두루 행하여 일루리곤까지 그리스도의 복음을 편만하게 전할 수 있었습니다.

4) 바울은 남들이 이미 복음을 전한 곳에는 복음을 전하기를 원하지 않았습니다. 사도바울은 로마교회를 여러 번 방문하려고 했지만, 길이 막혀서 가지 못했습니다. 사도바울이 로마교회를 방문하려

고 하는 이유는 이미 로마제국의 동쪽에는 복음을 다 전했기 때문에 이제 제국의 서쪽 땅 끝 서바나[스페인]까지 복음을 전하고자 하는데 목적이 있었습니다.

그러나 바울이 로마서를 써서 먼저 보내는 이유는 기근으로 어려움을 겪고 있는 예루살렘을 돕기 위한 것이었습니다. 바울은 마케도니아와 아가야 지방에서 후원한 선교헌금을 예루살렘에 전달하고, 예루살렘의 성도들로부터 지지와 후원을 받은 후, 땅 끝까지 복음을 전해야 한다는 사명을 따라 소아시아[터키]와 그리스 지역의 성공적인 선교에 안주하지 않고, 다시 새로운 선교지를 찾아 서바나[스페인]까지 갈 것을 소망하였습니다. 서바나까지 가려면 로마교회의 지지와 후원도 필요했기 때문에 미리 서신을 보내서 도움을 요청한 것입니다.

관찰하기

1. 어떤 사람이 믿음이 강한 자입니까?

2. 믿음이 강한 자는 믿음이 약한 자를 어떻게 대해야 합니까?

3. 바울의 로마 방문 목적은 무엇입니까? 바울이 곧장 로마로 가지 않고 예루살렘을 거쳐서 가야했던 이유는 무엇입니까?

4. 로마교회는 어떤 교회였습니까?

서론과 결론 부분 참고

5. 바울이 로마교회에 로마서를 미리 쓴 이유는 무엇입니까?

서론 참고

적용하기

1. 남을 품는 자가 강한 자 입니까? 남이 품어 주기를 바라는 사람이 강한 사람입니까? 그렇다면 나는 강한 자입니까? 약한 자입니까? 강한 자가 되려면 어떻게 해야 합니까?

2-1. 주변에서 믿음이 약한 자들의 덕스럽지 못한 행위를 보면 어떻게 해야 합니까?

2-2. 덕스럽지 못한 행위를 보면 어떻게 하고 있습니까?

3-1. 왜 어려운 이웃을 위해 구제헌금이나 선교헌금을 해야 합니까? 나는 구제헌금이나 선교헌금을 하고 있습니까?

3-2. 사도 바울은 땅 끝까지 복음을 전하는 것이 사명이었습니다. 나의 사명은 무엇입니까?

3-3. 교회나 가정 공동체에 갈등요소가 있을 때 어떻게 하고 있습니까?

4-1. 내가 속한 소그룹이나 부서는 서로 사랑으로 용납하고 섬기는 공동체입니까?

4-2. 소그룹이나 부서 안에 갈등요소가 있을 때, 어떤 역할을 하고 있습니까?

5-1. 우리가 왜 성경을 미리 읽고 공부해야 합니까?

5-2. 나에게 성경은 무엇입니까?

5-3. 하루에 성경을 얼마나 읽고 계십니까? 지금까지 성경통독을 몇 번 해보았습니까?

◆ 16장 내용 요약

본문 읽기

✻ 로마서 16장 1~27절 (우리말성경)

1 〈그리스도인들에게 전하는 안부〉 나는 겐그레아 교회의 일꾼이요, 우리의 자매인 뵈뵈를 여러분에게 추천합니다. 2 여러분은 성도의 합당한 예절로 주 안에서 뵈뵈를 영접하고 그가 필요로 하는 것은 무엇이든지 돕기 바랍니다. 이는 뵈뵈가 많은 사람들과 나를 돕는 사람이 됐기 때문입니다. 3 그리스도 예수 안에서 내 동역자들인 브리스가와 아굴라에게 안부를 전해 주십시오. 4 그들은 생명의 위험을 무릅쓰고 내 생명을 구해 주었습니다. 나뿐 아니라 이방 사람의 모든 교회들도 그들에게 감사하고 있습니다. 5 또한 그들의 가정에서 모이는 교회에도 안부를 전해 주십시오. 내가 사랑하는 에배네도에게 안부를 전해 주십시오. 그는 아시아에서 그리스도께 돌아온 첫 열매입니다. 6 여러분을 위해 많이 수고한 마리아에게 안부를 전해 주십시오. 7 내 친척이며 나와 함께 옥에 갇혔던 안드로니고와 유니아에게 안부를 전해 주십시오. 그들은 사도들 사이에서 뛰어난 사람들이며 나보다 먼저 그리스도 안에 있는 사람들입니다. 8 주 안에서 내가 사랑하는 암블리아에게 안부를 전해 주십시오. 9 그리스도 안에서 우리의 동역자인 우르바노와 내가 사랑하는 스다구에게 안부를 전해 주십시오. 10 그리스도 안에서 인정을 받은 아벨레에게 안부를 전해 주십시오. 아리스도불로의 집안사람들에게 안부를 전해 주십시오. 11 내 친척 헤로디온에게 안부를 전해 주십시오. 주 안에 있는 나깃수의 집안사람들에게 안부를 전해 주십시오. 12 주 안에서 수고한 드루배나와 드루보사에게 안부를 전해 주십시오. 주 안에서 수고를 많이 한 사랑하는 버시에게 안부를 전해 주십시오. 13 주 안에서 택하심을 받은 루포와 그의 어머니에게 안부를 전해 주십시오. 그의 어머니는 곧 내 어머니기도 합니다. 14 아순그리도, 블레곤, 허메, 바드로바, 허마와 그들과 함께 있는 형제들에게 안부를 전해 주십시오. 15 빌롤로고, 율리아, 네레오와 그의 자매와 올름바와 그들과 함께 있는 모든 성도에게 안부를 전해 주십시오. 16 거룩한 입맞춤으로 여러분은 서로 문안하십시오. 그리스도의 모든 교회가 여러분에게 문안합니다. 17 형제들이여, 내가 여러분에게 권합니다. 여러분은 배운 교훈에 역행해 분열을 일으키고 훼방하는 사람들을 경계하고 그들을 멀리하십시오.

18 그런 사람들은 우리 주 그리스도를 섬기지 않고 자기 배만 채우며 그럴 듯
한 말과 아첨하는 말로 순진한 사람들의 마음을 현혹합니다. 19 여러분의 순종
이 모든 사람에게 알려지고 있어 나는 여러분으로 인해 기뻐합니다. 나는 여러
분이 선한 일에 지혜롭고 악한 일에는 순진하기를 바랍니다. 20 평강의 하나님
께서 속히 사탄을 여러분의 발아래서 짓밟히게 하실 것입니다. 우리 주 예수의
은혜가 여러분과 함께하기를 빕니다. 21 내 동역자인 디모데와 내 친척들인 누
기오, 야손, 소시바더가 여러분에게 안부를 전합니다. 22 이 편지를 받아쓰는 나
더디오도 주 안에서 여러분에게 안부를 전합니다. 23 나와 온 교회의 집주인인
가이오도 주 안에서 여러분에게 안부를 전합니다. 이 성의 재무관 에라스도와
형제 구아도도 여러분에게 안부를 전합니다. 24 (없음) 25 하나님께서는 내가 전
하는 복음과 예수 그리스도에 대한 선포를 따라, 그리고 비밀의 계시를 따라 능
히 여러분을 견고하게 하실 수 있습니다. 이 비밀은 영원 전부터 감춰져 오다가
26 이제는 나타나게 됐으며 영원하신 하나님의 명령에 따라 예언자들의 글로 인
해 믿고 순종하게 하시려고 모든 민족에게 알려지게 됐습니다. 27 오직 한 분이
신 지혜로우신 하나님께 예수 그리스도로 인한 영광이 영원무궁하기를 빕니다.
아멘.

---

1) 16장은 당시의 신약성경 서신 양식에 따라서 수신인들에게 쓰는 부탁과 친지들에게 보내는 문안 인사를 담고 있습니다.

2) 바울이 안부를 전한 사람들은 주로 소아시아, 마케도니아, 그리고 아가야 지방에서 선교할 때 만났고 선교에 헌신적인 도움을 주었던 사람들입니다. 그들 중에 대부분이 클라우디우스 황제 때[AD 49년] 추방당했다가 네로가 즉위[AD 54년]한 후에 다시 로마에 이주해 간 사람들입니다.

3) 16장에서 로마교회를 향하여 이들에게 문안하라고 할 때, 수신인이 되는 14–15장에서 말하는 로마교회 성도 모두를 향하여 ‘너희’[2–7, 16–23, 26절]라고 일치된 공동체로 부르고 있습니다. 공동체는 서로 문안하는 사랑의 공동체입니다.

사도바울이 안부를 묻고, 안부를 전하는 사람들은 복음을 위해 헌신하고, 제자들의 선교활동을 힘써 도왔던 믿음의 사람들입니다. 사도들의 기억 속에 남는 사람들은 분명 하나님께서 기뻐하시는 사람들입니다.

오늘날도 교회와 성도들도 선교를 위해 헌신하고, 복음을 위해 헌신하는 사역자들을 돕는 은혜자가 되어야 합니다.

바울에게 로마 교회는 다소의 갈등은 있었지만, 이방인 그리스도인이나 유대인 그리스도인을 구별하지 않고, 그리스도 안에서 ‘우리’ ‘너희’라는 일치된 사랑의 공동체였습니다.

그리고 이방인이나 유대인 불신자들을 향해서 ‘저희’라고 3인칭으로 구별하지만, 결국 그들도 돌아와야 할 선교의 대상으로 보았습니다.

우리도 불신자들을 비난의 대상이나 꺼리는 대상이 아니라 복음을 듣고 돌아와야 할 선교의 대상임을 알고 진실한 사랑으로 대해야 합니다.

관찰하기

1. 바울이 안부를 전한 사람들은 어떤 사람들이었습니까?

2. 바울에게 로마교회는 어떤 교회였습니까?

3. 바울은 불신자들을 어떻게 바라보았습니까?

적용하기

1. 나는 하나님과 하나님의 종들에게 기억될 만큼 선교를 위해 헌신하고 있습니까?

2. 나는 주님의 몸 된 교회에서 어떤 존재입니까?

3. 나는 불신자들을 어떻게 대하고 있습니까?

4. 로마서를 통하여 새롭게 깨달은 사실은 무엇입니까?

참고문헌

- Dunn, James D. G.「WBC 로마서 주석 38상」 김 철·채천석 역. 서울: 솔로몬, 2003.
- Käsemann, E.「로마서」 한국신학연구소 번역실 역. 서울: 한국신학연구소, 1993.
- Luther, Martin.「루터의 로마서주석」 박문재역. 경기고양: 크리스챤다이제스트, 2008.
- Stuhlmacher, Peter.「로마서 주석」 장흥길 역. 서울: 장로회신학대학교출판부, 2005.
- Ziesler, John.「로마서 주석」 조갑진 역. 서울: 기독교문선선교회, 2002.

- 박근용. 「바울의 로마서이해」 서울: 두란노서원, 1987.
- 박윤선. 「바울서신」 서울: 영음사, 1991.
- 박윤선. 「로마서주석」 서울: 영음사, 2005.
- 박익수. 「로마서주석 Ⅰ」 서울: 대한기독교서회, 2008.

  . 「로마서주석Ⅱ」 서울: 대한기독교서회, 2004.
- 조선출. 「로마서」 서울: 대한기독교서회, 1971.
- 차정식. 「로마서주석Ⅰ」 서울: 대한기독교서회, 1999.

  . 「성서주석 로마서Ⅱ」 서울: 대한기독교서회, 1999
- 한천설. “로마서 설교를 위한 배경연구.” 「그 말씀 6월호」 서울: 두란노서원, (2000): 20-9.

– 홍인규. 「로마서를 어떻게 읽을 것인가」 서울: 성서유니온, 2001.
– 서동수. “로마서의 해석학적 원리: 유대인과 이방인의 동등성.” 「신약논단원문, 가을/11권 3호」 (2004): 683–715.
. “왜 바울은 로마서를 써야 했는가?”「호서신학 7집」(2000): 122–24.
– 이상옥. “로마서 저술목적에 관한 연구사.”「호서원우논단 8집」 호서연합신학대학원 지구촌선교신학연구소, (2004): 17–8.
. “바울교회에 나타난 강한 자와 약한 자.”「호서원우논단 7집」
– 가풍현. “로마서에 나타난 바울의 목회사상.” 호서대학교연합신학전문대학원 박사 논문, 2009.
– 장종현, 최갑종. 「사도바울」 서울: 기독교연합신문사, 2001.
– 조갑진. “로마서 기록 동기에 관한 연구.” 「신학과 선교」(1997): 211–52.
– 「우리말성경」 서울: 두란노. 2015, 로마서